Das Buch:
Im Universum existiert nur eine einzige Lebensquelle. Dieses spirituelle Zentrum ist Ursprung der *Urenergie* und trägt potentiell alle Strahlenkräfte in sich. Es ist die transzendente Kraftquelle, die zwar niemals als solche erforscht werden kann, deren Wirkungen aber ständig erkennbar sind. Um diese auch nur annähernd zu „erforschen" und überhaupt erkennend zu akzeptieren muss man diese Urenergie als bewirkende Strahlung einer transzendenten Kraftquelle verstehen.
Fragen oder Anregungen sind erwünscht unter *dr.smig@web.de*.

Der Autor:
Prof. Dr. Werner Smigelski, geb. 1929 in Leipzig ist emeritierter Hochschulprofessor. Vor über 40 Jahren wandte er sich auf innere Eingebung der Mystik zu und lebt seitdem zurückgezogen in der Eifel. Er empfängt seitdem spirituelle Durchsagen und ist ein detaillierter Kenner der mystischen Überlieferungen aller Weltreligionen. Die zentrale Botschaft in seinen Werken ist eine Zusammenschau wichtiger spiritueller Texte zum Inneren Weg, die im Kern aller Überlieferungen offenbar werdende und im göttlichen Geheimnis selbst begründete wesentliche Einheit aller Religion. Die Erschließung dieser bisher eher fragmentarisch nebeneinander stehenden Überlieferungen für eine heute – im Zuge einer spirituellen „Globalisierung" – anstehende religiöse Neubesinnung ist das Anliegen seiner Schriften, die allen denen gewidmet sind, die einen tieferen Einblick in den großen Sinnzusammenhang der Menschheit als Teil des Universums suchen.

Vom gleichen Autor sind erschienen:

- *Telepathie – Kommunikation der Zukunft*, ISBN 3-8334-3158-X
- *Der Traum des Jakob*, ISBN 3-86548-488-3
  (unter dem Pseudonym Anonymos)
- *Wege zur Erleuchtung – zwischen Selbsterkenntnis und Verblendung*, ISBN 978-3-8334-6984-8
- *Inkarnation*, ISBN 978-3-8334-8509-1
- *Schöpfung*, ISBN 978-3-8370-4821-6
- *Unschärferelation von Geist und Materie*, ISBN: 978-3-8370-9706-1
- *Krankheit als Bewusstseinsgenese / Heilung durch Selbsterkenntnis,* ISBN: 978-3-7460-4963-2
- *Ätherkörper und Quantenbewusstsein*, ISBN-13: 978-3839182833
- *Energie, Substanz, Bewusstsein: Versuch einer Definitionsfixierung als Brückenschlag zwischen Physik und Spiritualität*, ISBN: 978-3-7460-6195-5
- *Autoimmunerkrankungen und Ätherkörper,* ISBN 978-3-7460-6238-9
- *Radioaktivität – Funktion aller Umwandlungsprozesse im Kosmos,* ISBN: 978-3-7460-6239-6

Strahlen
Kosmos
Mensch

1. Auflage 2016 © Prof. Dr. Werner Smigelski

Alle Rechte liegen beim Autor
Herstellung und Verlag: BoD - Books on Demand, Norderstedt

ISBN 978-3-7460-6240-2

Buchgestaltung:
tastdesign, Düsseldorf, www.tastdesign.de
Umschlagbild: Fotolia

Bibliografische Information Der Deutschen Bibliothek:
Die Deutsche Bibliothek verzeichnet diese Publikation in der Deutschen
Nationalenbibliografie; detaillierte bibliografische Daten sind im Internet
über <http://dnb.ddb.de> abrufbar.

Inhalt

VORWORT

Bitte des Autors an den geneigten Leser: Langsam lesen, öfter innehalten und alles Gelesene sorgfältig überdenken. Danke.

In dieser Schrift geht es darum, die beiden korrespondierenden Aspekte von *„Geist und Materie"* als einander sich bedingende Polaritäten einer umfassenderen Wirklichkeit zu begreifen und eine weitergehende Erläuterung der bisherigen Grenze zwischen *Geistes- und Naturwissenschaften zu definieren*, was zugleich eine Klarstellung aller Begrifflichkeiten in beiden Bereichen voraussetzt. Und das bedeutet, die wichtigsten *Schlüsselbegriffe* der neuzeitlichen Naturwissenschaften in ihrer klassischen Bedeutung zu referieren und deren synonyme Überschneidungen mit den spirituell-religiösen Begriffen zu überprüfen und zu ergänzen, um auf diese Weise das naturwissenschaftliche Denken von heute mit einem darauf Bezug nehmenden spirituellen Denken zusammenzubringen.

Die Naturwissenschaften sind heute zu der Entscheidung aufgefordert, ob sie die „Unschärfe" zwischen Geist und Materie mit allen Konsequenzen in ihr Denken einbeziehen wollen oder ob sie sich wegen ihres Anspruchs auf „wissenschaftliche Exaktheit" dem anstehenden Diskurs entziehen. Denn genau das erfolgt, wenn beispielsweise die Physik versucht, Fragen der Entstehung des Universums („Urknall") nach der systemimmanent-wissenschaftlichen Begrenztheit ihrer eigenen Theorien zu beantworten.

Darum gilt als erste vorangestellte Begriffsfestlegung die Unterscheidung von den beiden Begriffen „Universum und Kosmos", die im allgemeinen Sprachgebrauch oft synonym verwendet werden, was in Folge immer wieder zu Missverständnissen führt, weil diese Unterscheidung den grundsätzlichen Gegensatz von „Geist und Materie" beinhaltet und gerade dieser für das menschliche Bewusstsein der entscheidende Aspekt aller Lebensentscheidungen ist.

UNIVERSUM *(Wikipedia)*

*Als **Universum** (von lat.: universus „gesamt", von unus und versus „in eins gekehrt") wird allgemein die Gesamtheit aller hierarchisch angeordneten Bewusstseinsdimensionen[1] bezeichnet, und ist damit ein Gegenstand philosophischer und religiöser Überlegungen,*

---

1 Dionysius Areopagita/Hierarchie des Universums, siehe auch Smigelski/ „Schöpfung"

deren Ursprung im mythischen und religiösen Bereich zu finden ist. *Ein synonymer Begriff wäre* **Schöpfung**: *Auf einen Schöpfer wird in Religionen die Ursache für den Anbeginn der Welt (Erste Ursache) zurückgeführt, wobei in den verschiedenen Religionen die Erschaffung der Schöpfung oder des Universums aus einem prägexistenten „Nichts oder Chaos" erfolgt. Ein Schöpfungsmythos ist somit eine religiöse Erklärung zur Entstehung des Universums, dessen materiellste Dimension der* **Kosmos** *ist. Der* **Demiurg** *(von griechisch δημιουργός dēmiurgós = „Gestalter") ist ursprünglich der in Platons naturphilosophischem Werk Timaios beschriebene „Schöpfergott, der als eine Art Baumeister den Kosmos erschuf, indem er ihn als Abbild" der kategorialen platonischen Ideen zuordnete.*

KOSMOS

Kosmos *(von griechisch κόσμος kósmos „(Welt-)Ordnung") ist die Welt aller* **wahrnehmbaren Phänomene** *wie Galaxien, Sonnensysteme und Planeten, die mittels physikalischer Gesetzmäßigkeiten beschrieben werden können. Die* **Kosmologie** *(griechisch κοσμολογία – hier: die Lehre von der Welt) beschäftigt sich mit dem Ursprung, der Entwicklung und der grundlegenden Struktur des Kosmos. Dieser Kosmos ist innerhalb der gesamten Hierarchie im Universum die materiellste Bewusstseinsdimension.*

Da die Menschheit in der gegenwärtigen Neuorientierung des wissenschaftlichen Denkens und Forschens sich in einer bewusstseinsmäßigen Übergangszeit (*„Grauzone"*) befindet, bedarf es einer grundsätzlichen Festlegung wissenschaftlicher Begriffe, womit hier nicht eine Verabsolutierung dieser Definitionen gemeint ist, sondern lediglich eine für diese Schrift bestimmte Aussagefestlegung zum hier gemeinten Verständnis gegeben werden soll. Denn in der gegenwärtigen Übergangszeit gewinnen früher eindeutig festgelegte und verstandene Begriffe eine neue *Vieldeutigkeit*, womit sie sich in einer sprachlichen Grauzone des begrifflichen Erfassens bewegen. Denn die für unsere Zeit gültigen wissenschaftlichen Beobachtungen und Messergebnisse zeigen dabei nur einen sehr begrenzten Ausschnitt. Darum ist es notwendig, über die physikalischen Bedingungen auf der Erde hinaus immer an den ganzen Schöpfungsvorgang zu denken, der nicht nur als ein physikalisch-materieller Prozess verstanden werden darf, sondern **holographisch** auch als ein geistiger, der sich lediglich in der technisch-materiellen Welt der Erde manifestiert.

Und dabei geht es primär um die Verbindung von **Energien und Gedanken**, denen gleiche Strukturmuster zugrunde liegen: Denn Energien enthüllen in jeder Manifestation den Sinn der in ihnen wirkenden Ideen, wobei ein göttlicher Plan Gestalt annimmt. Es geht also darum, diese beiden „*untrennbar getrennten*" Aspekte von **„Geist und Materie"** als einander sich bedingende und in permanenter Wechselwirkung stehende in eine gegenwärtig übliche „*physikalische Begrifflichkeit zu übersetzen*". Wissenschaftlich gesehen handelt es sich dabei um die Verbindung von **Energiestrahlung und Allbewusstsein**, denen gleiche Frequenz-Strukturmuster zugrunde liegen. Und das bedeutet: Allein nur über *Energie-Strahlen* können in allen Manifestationen der Schöpfung Sinn und Bedeutung der darin wirkenden **Ideen** enthüllt und verstanden werden.

EINLEITUNG

Im Universum existiert bekanntlich nur eine einzige Lebensquelle. Dieses spirituelle Zentrum ist Ursprung der **Urenergie** und trägt potentiell alle **Strahlenkräfte** in sich. Es ist die transzendente Kraftquelle, die zwar niemals als solche erforscht werden kann, deren Wirkungen aber ständig erkennbar sind. Um diese auch nur annähernd zu *„erforschen"* und überhaupt erkennend zu akzeptieren **muss man diese Urenergie als bewirkende Strahlung einer transzendenten Kraftquelle verstehen.**

Geist und Materie sind die zwei polaren Aspekte des Universums, das von einem unendlichen *Kontinuum unterschiedlicher Frequenzen* durchflossen ist, wobei sich permanent **spirituelle Energie-Strahlungen** in erscheinende *„Gestaltungen"* verwandeln, was zur vereinten Polarität[2] von „GEIST und MATERIE" führt und jene **„Unschärferelation"** erzeugt, die zwischen zwei spiegelbildlichen Seiten das Universum als Urenergie oszilliert. Um das zu verstehen, bedeutet für die Menschheit: *„Die Welt muss sich (für das menschliche Bewusstsein) zunächst selbst zerteilen, und zwar in einen Zustand, der sieht, und in einen, der gesehen wird. Nur durch den*

---

2 238, G. Spencer Brown

Menschen ist sich das Universum seiner selbst bewusst und teilt sich selbst in Subjekt und Objekt." [3]

„In den eigenartigen kohärenten Zuständen von „Wellenpaketen" gilt für die Quantenphysik die sogenannte „Unschärferelation": **Es ist die Vereinigung unvereinbarer Gegensätze zu einer neuen höheren Einheit.** *Kohärente Zustände liegen dabei mitten zwischen „Teilchen und Wellenaspekt".* [4] *Das ist jene „Unschärferelation" zwischen Teilchen und Welle – beide sind untrennbar Getrennte, um in der* **Urenergie** *als schöpferische Kraft sich in der Erschaffung des Universums über den ausfließenden* **Urstrahl** *zu differenzieren."* [5]

Es handelt sich also bei dieser *„vereinten Polarität"* im Universum um *„Wechselwirkungen"* zwischen *„gedanklichen und substantiellen Energien"*, denn das gesamte **Universum** ist eine verkörperte und als Manifestation *„eingekleidete* **Gedankenform**". Allein der Mensch besitzt die Fähigkeit, diese *„Einkleidungen"* als solche zu erkennen und selber *Einkleidungen* für die Formen seiner Ideen zu erschaffen. Gegenwärtig geht es allerdings den Natur-Wissenschaften allein nur um das objektive

---

3 Tulku
4 Werner von Heisenberg Physik" „Reine „Wellenhaftigkeit" gibt es in Wirklichkeit ebenso wenig wie reine „Teilchenhaftigkeit". Beide sind ineinander verflochten und rückgekoppelt, können aber einander nie völlig vernichten."
5 Heisenberg a.a.O.

Erfassen dieser *„Einkleidungen"* (Hüllen) aller objektiv-wahrnehmbaren Manifestationen und insofern lediglich um eine Bestandsaufnahme und wissenschaftliche Begriffsbestimmung dieser **Außenwelt**, die man in Indien als **„Maya"** oder Illusion bezeichnet.

FORM an sich ist immer Illusion. Sie bildet nur ab und verhüllt damit zugleich die dahinter wirkende *„Essenz"*. Denn das, was wissenschaftlich konstatiert wird, bezieht sich allein auf objektiv beweisbare Tatsachen. Darum ist das, was der moderne Wissenschaftler heute als Tatsache ansieht, lediglich eine partielle Annäherung an einen sehr winzigen Teil eines holographisch gesehenen viel größeren Ganzen. Denn was man nur sehen und berühren kann, ist bloß eine *„Wirkung"*, der innere Ursachen zugrunde liegen. *„Ich meine, dass das Universum als formlose Potentia in unzähligen möglichen Verzweigungen im transzendenten Bereich existiert und erst dann manifest wird, wenn es von bewussten Wesen beobachtet wird"*,[6] und das ist nur über die *Quantenmechanik* erklärbar[7].

Und in der Tat findet über **„radioaktive Strahlung"** im materiell *„Erst-Geschaffenem"* im Kosmos die Möglich-

---

6 Heisenberg a.a.O.
7 Goswami / Das bewusste Universum

keit einer Sichtbarwerdung und permanente Umwandlung aller Gestalten statt, wobei in diesen Strahlungen zugleich auch alle gestaltgebenden Ideen der gesamten Schöpfung enthalten sind, und das ermöglicht: gemeinsam **Reingeistiges** in manifester **Sichtbarlichkeit**, weil *„Ur-Licht als Strahlung"* beides ist: *Substanz und Geistiges – „Welle und Teilchen".* Materie ist *„verdichtetes Licht"* aus Eigenschwingungen und Resonanzen aufgebaut, wobei im Atom gebundene Elektronen *„trägerfreie Schwingungen"* sind, genauso wie auch das gemeinsame Bewusstsein[8] eine **„trägerfreie Energie"** ist, die eine masse- und wellenlose **Energieverstrahlung** bewirkt und ihre Materie radial nach allen Seiten verstrahlt.

Diese **Kernverstrahlungsfelder** sind der „Baustoff der Welt"[9], die sublime Raumenergie eines radialen Urfeldes. "In einem ewigen Kreislauf durchläuft die Urstrahlung die Schöpfung, in der alle erschaffenen Manifestationen auch wieder eine Auflösung und Transparenz erfahren.

---

8 Alice Bailey / Bewusstsein in allen Atomen
9 Krause / Baustoff der Welt

„Eine Materie an sich gibt es dabei nicht! Denn alle Materie entsteht und besteht nur durch den Geist. Dieser Geist ist der Urgrund aller Materie, wobei nicht die sichtbare und vergängliche Materie das wahre Reale ist, sondern der unsichtbare und unsterbliche Geist dahinter: GOTT." (Max Planck)

TEIL I

STRAHLEN UND SCHÖPFUNG

STRAHLUNG DEFINITION
Korpuskularstrahlung und Wellenstrahlung
(nach Wikipedia)

Der **Begriff Strahlung** [10] bezeichnet in der Physik die Ausbreitung von Teilchen oder Wellen. Im ersten Fall spricht man von Korpuskularstrahlung oder Teilchenstrahlung, im zweiten von Wellenstrahlung. Strahlungsimpulse haben immer eine Richtung und transportieren **Energie, Strahlungsteilchen als Masse oder Bewusstseinsinformationen.** Trifft eine Strahlung auf ein Hindernis, wird sie entweder absorbiert, umgewandelt, unbeeinflusst transmittiert (hindurchgelassen), gestreut oder reflektiert (zurückgeworfen); Man spricht dann von Remissionen. Die historische Debatte, ob Lichtstrahlen aus Teilchen oder Wellen bestehen, wurde in der Quantentheorie damit beantwortet, dass ein Lichtstrahl aus Photonen besteht, deren Fokus im Rahmen der Quantenmechanik durch eine „Wahrscheinlichkeitswelle" beschrieben wird. Diese Wahrscheinlichkeitswellen können miteinander interferieren (siehe Doppelspaltversuch). In der Theorie der Materiewellen wurde gezeigt, dass jedem Teilchen eine Wellenlänge zugeordnet werden kann. Dies erklärt,

---

10 „Spirituelles Feuer" bei A. Bailey – „Potentia" bei W. Heisenberg

> *warum zum Beispiel ein Elektronenstrahl auch Interferenzphänomene zeigt. (Siehe auch Welle-Teilchen-Dualismus).*

Urenergie wirkt im Kosmos allein über **Strahlung** und stellt sich über **Frequenzen** dar. Strahlen sind bereits transponierte Energien, die seit dem Altertum in allen Kulturen z.B. in der Astrologie als *„Einflussenergien"* verstanden wurden. Gegenwärtig geht es der Wissenschaft mehr darum die objektiv-materiellen *„Hüllen"* im Kosmos zu erforschen, anstatt die Einflüsse und Wirkungen der Energien über die „Hüllen" (Stoff) zu ergründen, was durchaus gegenwärtig schon möglich wäre. Immerhin findet das Strahlungsgesetz bei wissenschaftlichen Forschern allmählich Anerkennung, seitdem man die **Radioaktivität** gewisser Substanzen festgestellt hat, demzufolge alle Substanzen ab einer gewissen Stufe ihrer Evolution *„auszustrahlen"* (ionisierende Strahlung) beginnen. Auch in der Lichtanalyse werden schon die unterschiedlichen Energie-Wellen im Lichtspektrum gemessen.

In der klassischen Physik wird allerdings noch immer jede Bewegung allein durch steuernde Kräfte bestimmt: Sobald wir Position und Geschwindigkeit eines Objektes zu einem bestimmten Zeitpunkt kennen, können wir mit Hilfe der Newtonschen Bewegungsgleichung seine Bahn berechnen. Auch die Einsteinsche Energie-Formel bleibt streng genommen *„systemimmanent"* und erst der **„Quantenphysik"** zufolge, die in die deterministische Philosophie wie eine Bombe einschlug, haben wir es mit **Wahrscheinlichkeiten** zu tun – mit *Quantensprüngen und Nicht-Lokalitäten.*

Immerhin sprechen in der Gegenwart schon einige Physiker bereits von einer **„Umhüllung"** (Strahlung) der Galaxien im Kosmos, die *durch Reibung schwerer Elemente zu millionengrad heißen Röntgenstrahlen angeregt werden*, wobei zwar die Wissenschaftler noch immer nicht wissen, was diese *„Umhüllung"* („spirituelles Feuer") wirklich ist, weil die **„Strahlung" der Urenergie** im Kosmos weder sichtbar, noch messbar ist und alle kosmischen Maßvorstellungen weit überschreitet. Aber diese **Urenergie** erhält das gesamte Universum am Leben, ist bereits über Röntgenstrahlen erfahrbar und in der Atomspaltung sogar *„praktizierbar"*, was allerdings nicht bedeutet, dass sie auch schon verstehbar ist. Allerdings ist die Urenergie in *„Negativversuchen"* der Forschung über sogenannte *„Symptome"* sowie in der Atomspaltung nachweisbar, ohne dass man wirklich weiß, was für Energien dabei freigesetzt werden. Noch begreift man überhaupt nicht die enorme kosmische Strahlungs- Hitze, die durch das *„Feuer"* der Urenergie im Kosmos freigesetzt wird. Und das bedeutet:

ROTATION ODER SPIN[11]

Dabei bildet die **Raumenergieverstrahlung** im Kosmos **Energiestrahlenfelder** von radialer Struktur, wodurch alle Vorgänge im Kosmos sich in voller Abhängigkeit innerhalb dieser Energiefelder vollziehen. Dieser **Spin** ist eine quantenmechanische Eigenschaft von Elementarteilchen, eine Eigenrotation, eines nicht-klassischen physikalischen Phänomens, was zunächst im Kosmos nur in seinen Wirkungen als feststellbare „Anziehungskraft" (quasi Gravitation) spürbar ist. Auf jeden Fall ist das Raumenergiefeld der Träger der wellenförmigen Fortpflanzung aller Strahlungen, wobei die **„Kernverstrahlung"**[12] selbst bereits in die Sphäre des *„spirituellen Absoluten"* gehört, aber für alle Erscheinungen im Kosmos die allein bestimmende ist. Dieses Freiwerden der Kernenergie aus der Sphäre des *„Absoluten"* vollzieht sich permanent und mit unvorstellbarer Wucht, sollte aber nicht mit einem **„Urknall"** verglichen werden, sondern als das ewig alles Bewegende und

---

11 Der Spin (von engl. spin, Drehung, Drall); Der Spin verhält sich mathematisch (z. B. unter Rotationen des Raumes) bis zu gewissem Grade als Drehimpuls.

12 *Radioaktivität beruht auf ionisierenden Strahlungen wie Alpha-, Beta- und Gammastrahlung, aber auch kosmischen Strahlungen. Es handelt sich dabei um kurzwellige Strahlung, die Atome durch ihr Auftreffen ionisieren, d.h. um Elektronen von ihnen abzuspalten oder hinzuzufügen, so dass die positiv geladenen Protonen des „Kerns" und die negativ geladenen Elektronen der „Schale" einander sich nicht mehr neutralisieren und das Atom als Ganzes negativ oder positiv elektrisch geladen ist.*

Verwandelnde aller Manifestationen über ständige Zu-
standsänderungen der Energiefelder.

Die Ursachen dafür liegen in jenen *„trägerfreien
Energien"*, die zwar über das menschliche Bewusstsein auch *„angezapft"* werden können und daher als
massefreie Frequenzen auf keinen Fall physikalisch
als *Gravitationswellen* zu verstehen sind, sondern
als **Urenergie-Strahlen** leider noch immer nicht
physikalisch nachgewiesen werden können, aber
durchaus als ursächliche Wirkung verstanden werden müssen. Denn das ist der Lebensstrom schlechthin, der bis in die verdichteteste Materie dringt und
dort als Energie alles in **Frequenzvibration** versetzt
und im Kosmos als **Elektro-Magnetismus** in seinen Auswirkungen bekannt ist.

ELEKTRIZITÄT
(Nach Wikipedia)

*ELEKTRIZITÄT (von griechisch ἤλεκτρον ēlektron
„Bernstein") ist der Oberbegriff für alle Phänomene,
die ihre Ursache entweder in ruhender elektrischer
Ladung oder bewegter Ladung (Ströme) sowie deren elektrischen und magnetischen Feldern haben.*

Mittels Elektrizität wird elektrische Energie gewandelt. Die Träger der elektrischen Ladung sind negativ geladene Elektronen und Anionen und positiv geladene Protonen und Kationen. Wegen der **Wechselwirkungskräfte** *kommt der Elektrizität auch eine Bedeutung als* **Energieträger** *zu. Elektrische Ladungen sind die Quellen des elektrischen Feldes, bewegte Ladungen die Ursache für magnetische Felder.*

Elektromagnetische Wellen (wie z. B. **Licht***) sind Erregungen des elektromagnetischen Feldes und können sich nach Entstehung unabhängig von Ladungsträgern im Raum (als* **Photonen***) ausbreiten, d. h. fortbewegen,* **sie sind wechselwirkend, auch mit Materie.**

> *Die **Urenergie** ist das „Urfeuer im Zentrum des Universums", das als (Schöpferisches Feuer, Erhaltendes Feuer und Zerstörendes Feuer) in Erscheinung tritt, ist im Kosmos als ein **elektrisches Phänomen** zu betrachten, das als Licht, Flamme und Hitze wahrgenommen wird oder als **Elektrizität** (Impuls, Bewegung), **Strahlung** (Wirkung) und **Schwingung** (Frequenz) zum Ausdruck kommt.* (Alice Bailey)

DREIFACHE ELEKTRIZITÄT
IM KOSMOS

Im Kosmos handelt es sich ebenfalls um *„drei elektrische Energien"*, die es mit der *atomaren Substanz* zu tun haben, aus der alle Formen erbaut sind. Das „Mysterium" dieser dreifachen Art von Elektrizität ist jene elementare *„Essenz"* (**Potentia**[13]), die das Geheimnis dessen enthält, was allem objektiven Dasein zugrunde liegt und zugleich dessen Basis bildet. Es ist schwer zu ergründen, weil es sich auf die im *Äther* (im Kosmos) enthaltenen Energien bezieht, die alle Atome mit Energie versorgen und dadurch zur Tätigkeit antreiben, wodurch alle Manifestationen im Kosmos auf elektrischen

---

13 Heisenberg a.a.O.

Aktivitäten beruhen und mit der *„Essenz der Materie"* zusammenhängen.

1. Elektrisches Feuer als der primär bestimmende Bewegungsfaktor im Urstrahl.
2. Elektrisches Feuer durch Reibung als Lebensfaktor im Kosmos.
3. Radioaktivität als Ursache für Wachstum und Umwandlung.

1. Elektrizität als Schwingungsimpuls

Elektrizität als primärer Faktor erweist sich im **Universum** *(Schöpfung)* als schöpferische Urenergie oder *„Wille zum Dasein"*. Es ist der erste Aspekt, jener alles bewirkende Impuls, der vom *„strahlenden Zentrum"* ausgehend mit dem *„kosmischen Raumäther"* in Berührung tritt, was im Kosmos zum objektiv-wahrnehmbaren Dasein führt. Es ist die **Elektrizität**, welche die Atome der Materie im Kosmos belebt, in allen Sphären die innewohnende Hitze bestimmt, ferner die Anhäufung von Materie im grobstofflichen Kosmos bewirkt und deren *Bewegungen* im jeweiligen Grenzring ermöglicht.

2. Elektrizität der Substanz

Für den Kosmos wird diese primäre Elektrizität zum *„Reibungsfeuer"*, was den Äther über Schwingungen zur *„elektrischen Substanz"* umwandelt, um eine immer größere materielle Verdichtung zu ermöglichen. Wir sprechen jetzt von Materie, deren Erscheinungen es mit Zeit, Raum und verschiedenen Polaritäten zu tun haben. **Elektrizität** erweist sich im Kosmos als erste Manifestation von Formen, oder als das, was Formen zur **Kohäsion** bringt. Sie ist die Elektrizität, die Formen oder Atomverbindungen und deren Wirkungen hervorruft: es ist die gegenseitige elektro-magnetische Beeinflussung als Synthese aller Gestalten.[14] Dabei verschmelzen sich dieses **„Reibungsfeuer"** und das *spirituelle Feuer des Geistes*, wodurch Gestalt und Form sich als **Umhüllung** der schöpferischen Essenz manifestieren.

3. Radioaktive Elektrizität

ist die Koppelung von Impuls, Substanz und Idee. Insofern kann man nicht mehr nur von elektrischer Energie sprechen, sondern von STRAHLEN, die für den Materieaufbau wie für dessen Wiederauflösung verantwort-

---

14 Wilhelm Reich spricht in diesem Zusammenhang von **Bioelektrizität** und *hat etwas wieder entdeckt, was schon die Ägypter kannten: Den biologischen Energietransfer.*

lich sind, wobei diese radioaktive Elektrizität im Kosmos quasi stellvertretend als schöpferische Urenergie alle Gestalten ständig umwandelt. Diese *„Umwandlungen"* werden in ihren Auswirkungen eher als zerstörerische Kräfte empfunden und sind geologisch gesehen in Naturereignissen wie Erdbeben oder Gewittern die größte Kraftübertragung im Kosmos überhaupt. Prinzipiell überwiegen im Kosmos elektro-magnetischen Strahlungen als sich ergänzende Energien in allen Manifestationen. Dadurch werden über die Urenergie im gesamten Universum alle Bewegungen bewirkt, indem sie immer dann aktiv wird, wenn eine Weiterentwicklung ansteht, **deren Bestimmung allein über Strahlen erfolgt**, die sich der Urenergie als Impuls bedienen.

SUMMA

Dieses *„Mysterium der Elektrizität"* bildet die Grundlage aller Manifestationen und ist zugleich der *„spirituellen Hintergrund"* aller Evolution. Vom Physischen aus gesehen ist diese Strahlenkraft das, was der Materie „Energie" verleiht. Vom psychischen Aspekt aus ist sie das, was der Natur „Qualität" verleihen kann und hinsichtlich der gesamten Evolution in der Hierarchie[15] des Universums zirkuliert diese *„radioaktive Kraft oder*

---

15 Hierarchie siehe Smigelski /Schöpfung

Qualität" von Bewusstseinsdimension zu Bewusstseinsdimension, wobei sie in der permanenten Umwandlung
allen Daseins etwas hinzufügt und gleichzeitig etwas
wegnimmt, denn alle **potentiellen** Anlagen liegen in
jener belebenden, energieverleihenden Kraft als Fähigkeit anzuregen und voranzustreben: Die Urenergie.

Alice Bailey[16] spricht in diesem Zusammenhang von *Essenz und Potentia*, vom *„Spirituellen Feuer"* als schöpferischer **Urenergie**, was von der heutigen Wissenschaft noch immer ignoriert wird, obwohl man bereits
einigermaßen versteht, was *„Feuer durch Reibung"*
(Elektrizität) im Kosmos ist, weil dieses *„Feuer"* seit
Menschengedenken für alle irdischen Belange (Wärme,
Licht und Bewegung) genutzt wird. Erst die Physik des
20. Jhdt. beschäftigte sich erstmalig mit dem **„Feuer"**
als einem naturwissenschaftlichen Objekt, und die Forschung ist dabei, das Rätsel des *„atomaren Feuers"*, der
„Atomenergie" zu entschlüsseln, wobei dieses „spirituelle Feuer" nach wie vor ein Geheimnis bleibt und als
Gegenstand der Erforschung bei der Physik noch gar
nicht wirklich „angekommen" ist.
Es ist das Leben selbst, die treibende Kraft in der manifesten und substantiellen Evolution im Kosmos, jene
ewige Duplizität von Reaktionen und Wirkungen, die in
jeder Gestaltung als *radioaktiver Impuls* zur Weiterge-

---

16 Alice Bailey „Strahlen" /Bewusstsein im Atom

staltung innewohnt. Denn nur die **Radioaktivität** bietet die Voraussetzung für alle umzuwandelnden Wirkungen und ist jene primäre schöpferische Willensenergie im Universum, die stellvertretend im Kosmos als **radioaktive elektrische Kraft** in jedem Atom und dessen weiteren Evolutionsprozess primär positiv aufbauend wirkt. Diese Urenergie erhält das gesamte Universum am Leben, ist bereits über die *Röntgenstrahlen* erfahrbar und als Radioaktivität in allen Atomspaltungen schon praktizierbar, was allerdings nicht bedeutet, dass sie auch schon verstehbar und beherrschbar ist.

Im unendlichen Evolutionsprozess erreicht diese Energie in einer Kette von immer höher strebenden Monaden über deren *„partielle Endbedeutungen"*, jenes lebendige Wachstum aller Gebilde, wodurch im Kosmos manifeste Objektivität entsteht. Dabei handelt es sich um **Strahlung der „Essenz"**, so dass die radioaktive Energie als wirksames **„Reibungsfeuer"** der elektrifizierten Materie mit dem elektrischen **Feuer des Geistes** (spirituelle Feuer) einander verschmelzen, wobei neue Formen in Erscheinung treten und das dynamische Feuer des Willens über das Feuer des Bewusstseins in seiner Strahlung umgewandelt wird. Dynamisch-elektrische Manifestationen werden über quasi *physische Elektrizität* von der Spiritualität des Geistes durchdrungen, welche die Materie im Kosmos belebt, einfärbt und sich als vitale Hitze, Aktivität und Strahlung auswirkt.[17]

Im gesamten Universum ist alles diesem ständigen Wandel von Energie und aufbauender Formgestaltung sichtbarer Phänomene unterworfen, wobei sich diese wieder in die ihnen zugrunde liegende Energie „*auflösen*" können, um zu neuen Gestaltungen zu drängen. Ein ewiger Kreislauf, der im Kosmos z.B. in einer Supernova und dem Verglühen ganzer Galaxien wahrnehmbar ist. Nach einer vom Geistigen ausgehenden Entwicklung hin zur Materieverdichtung kehrt sich dieser Prozess um, um wieder in umgekehrter Folge hin zum Geist aufgelöst zu werden. Ken Wilber spricht in diesem Zusammenhang von „*Halbzeit der Evolution*" und auch F. Krause sah den „*Materiezerfall*" als spirituelle Energieumwandlung, in dem sich alle Materie wieder in „*ihre Urenergie*" auflöst. Daher stellt sich die grundlegende Frage nach: **Substanz und Materie**, von der Max Planck zu Recht sagt: „*Eine Materie an sich gibt es dabei nicht! Denn alle Materie entsteht und besteht nur durch den Geist. Dieser Geist ist der Urgrund aller Materie, wobei nicht die sichtbare und vergängliche Materie das wahre Re-*

17 Hörte eine Sendung über Quantenphysik von Dr. Harald Lesch – er sprach darin von einer „Umhüllung" der Galaxien ... s.S.17

ale ist, sondern der unsichtbare und unsterbliche Geist dahinter: GOTT."

SUBSTANZ/MATERIE

(Nach Wikipedia)

Substanz *ist nach dem lateinischen Wort substantia „das, woraus etwas besteht". In der Philosophie ist „Substanz" der Begriff für das selbstständige oder wesentliche Seiende, In der Umgangssprache und in den Naturwissenschaften wird „Substanz" auch für grundlegende chemische Stoffe verwendet. Beide Begriffe lassen sich gleichermaßen auf Aristoteles zurückführen, der dafür den Namen Ousia einführte und neben den Einzeldingen auch eine Materia prima als Substanz erwogen hatte. Die **materia prima** (erste Materie), die auch „Urstoff" genannt wird, ist ein philosophischer Begriff, der auf Aristoteles zurückgeht und in der Folge insbesondere in der Scholastik eine große Bedeutung erlangte.*

Materie (von lat. materia = Stoff) ist eine Sammelbezeichnung für alle Beobachtungsgegenstände der Naturwissenschaften, die Masse besitzen. Raumbereiche, die keine Materie enthalten, bezeichnet man als Vakuum. Elektromagnetische Wellen wie zum Beispiel Licht werden nicht zur Materie gezählt. Materie lässt sich mit Hilfe messbarer physikalischer Größen quantitativ beschreiben und ist im Allgemeinen elektrisch neutral, besteht aber aus positiv geladenen Atomkernen und negativ geladenen Elektronen.

In dieser Schrift werden die oft synonym gebrauchten Begriffe „Substanz und Materie" einerseits als feinstoffliche Substanz und andererseits als *grobstoffliche Materie*[18] verwendet.

Materie als Grobstoffliche / zwei Definitionen

1. Bestimmbarer Aggregatzustand von Materie (Chemie, Physik, Geologie) als Gestaltträger objektiv-manifester Form und Gestaltung
2. „Frequenzverdichtungen" mit Strahlenwirkungen (siehe Max Planck)

---

18 Helmut Friedrich Krause „Der Baustoff der Welt"

Wenn es auch nach Max Planck in Wirklichkeit keine „Materie" gibt, so bleibt doch die wahrnehmbar-grobstoffliche Materie, die den Menschen ständig veranlasst, diese im **Kosmos** alles bestimmende *„materielle Erscheinlichkeit"* in ein verstehbares System einzuordnen. Dafür gibt es seit dem Altertum genügend bezeugte Versuche und Beispiele, man denke nur an die „Ideenlehre" Platons.[19] Eines der ältesten (leider sehr wenig bekannten) strukturell bedeutungsvollsten **„Weltmodelle"** wurde von Dionysios Areopagita im frühen Mittelalter erstellt:

DIE HIMMLISCHE HIERARCHIE DES UNIVERSUMS

Dionysius Areopagita beschreibt darin als erster dieses Prinzip einer in sich kreisenden Schöpfung, in deren Bewegung sich das *„Licht zur Materie"* verdichtet, um sich wieder zum *„Licht der Ideen"* aufzulösen, so wie es im *„Traum von der Jakobsleiter"*[20] veranschaulicht ist. Areopagita beschreibt das Wesen dieser *virtuellen Hierarchie* als eine *„heilige Rangordnung"*, die aus drei

---

19 Goswami „..,dass das Universum als formlose Potentia in unzähligen möglichen Verzweigungen im transzendenten Bereich existiert." S.182
20 Genesis 28,12 ff.: Jakob sah Engel daran auf- und niedersteigen – Abstieg und Wiederaufstieg des Geistes im Universum.

von einander getrennten *„Seinsbereichen"* (Triaden) besteht und sich in einer Stufenordnung aufgliedern lässt. Es handelt sich dabei um drei **„Energiebereiche"**, deren Verhältnis zueinander sowie ihr Wirken als grundlegende *„strahlenden Wirk-Energien"* die fundamentalen Auswirkungen eines das gesamte Universum durchdringenden **Urstrahles** sind. Es ist ein hoch intensives permanentes dynamisch-energetisches **Strahlensystem**, das sich vom *immateriellen Zentrum* ausgehend bis hin zur materiellen *„Peripherie"* im **Kosmos** erstreckt, der in der Hierarchie zwar die unterste Bewusstseinsebene, aber für den Menschen die einzig **„wahrnehmbare Dimension"** ist.

Für D. Areopagita befindet sich in einem immateriellen geistigen Zentrum im höchsten Bereich der **Hierarchie**, *in rein geistiger, unwandelbarer kreisender Bewegung die „Trinität", für die es keine Veränderung oder Eintrübung gibt.*[21] Es sind die höchsten Energieschwingungen

---

21 Dionysios von Areopagita In der ersten Triade sind alle Kräfte immerdar um Gott versammelt und ununterbrochen mit ihm vereint. Keine andere Ordnung ist Gott näher und keine ist den direkten Ausstrahlungen der Urgottheit stärker ausgesetzt als diese. Es ist die höchste Konzentration einer unvorstellbaren Urenergie. – Diese trifft auf die Seraphim und Cherubim unmittelbar und wird auf sie übergeleitet. Sie sind die „Glutentfacher und Ergießer der Weisheit" im immerwährenden Umkreisen Gottes, um die Energien im Entzünden weiterzuleiten und sie zu ähnlich wirksamer Glut im Universum anzufachen, alles zu reinigen und über die höchste Erleuchtung wieder zu Gott emporzuführen.

(Hypostasen[22]) als der zentrale spirituelle Kreis, von dem herab bis zu den äußersten Bereichen der gesamten Schöpfung sich diese *„strahlende Trinität"* in Allem als Ursprung aller Ursprünge und Urgrund aller Geschöpfe wiederholt.

Aus dieser imaginären Einheit des *„spirituellen Zentrums"* ergießt sich die **„Urstrahlung"** als ein Gemeinsames in die Vielheit unendlicher Gestaltungen der Schöpfung, deren *„Substanz"* (Potenz) vom Feinstofflichen bis hin zum Grobstofflichen im Kosmos reicht. Im Ausfluss wird der Urstrahl („LICHT") zugleich in *„Urenergie und Urstoff"* (Welle und Teilchen) gespalten und ist jetzt kein rein Geistiges mehr, sondern eine *„bewirkende Strahlung"*, die an der Schöpfung somit zum *„Selbstteilnehmenden-Aspekt"* wird.

Denn es ist für das menschliche Denken die **„Erschaffung einer scheinbaren Dualität"** von *„Geist und Materie"*, die zugleich aber auch jene unteilbare immanente Spannung, jene *„Unschärferelation"* zwischen beiden Aspekten bewirkt, die das Leben selbst ist. *„Denn Substanz ist ein Spezifikum und tritt in stofflichen Materieformen nur als bewirkende Strahlung oder Lebensäußerung in Erscheinung. So ist zwar in jeder Materie irgendeine „lebenbewirkende Strahlkraft" vorhanden,*

---

22 Hypostasen: Trinität von Gott Vater – Gott Sohn – Gott Hl. Geist

die Materie selbst ist aber nichts anderes als ein Gerichtetes, ein aus sich selbst verhärtetes Geistiges." [23]

Strahlung ist die von allen Formen in den Naturreichen hervorgebrachte äußere Wirkung, die immer dann eintritt, wenn die interne Aktivität der Formen eine so hohe Schwingungsfrequenz erreicht hat, dass die äußeren Begrenzungen der Form die Schwingungen nicht länger *„gefangen"* zu halten vermögen, sondern ihre **„subjektive Essenz"** entweichen lassen. Das ist dann das Kennzeichen, dass im Evolutionsprozess jeder gestalteten Substanz eine ganz bestimmte Stufe erreicht wurde und bedeutet, dass die „Potentia" oder der „Ätherkörper" einer Gestalt – womit die alles bestimmende *„energetische Essenz"* einer Gestaltung gemeint ist – ihren gegenwärtigen Entwicklungsstand überschritten hat und über Strahlungen *„wahrnehmbar"* macht.

Und das findet über **„radioaktive Strahlung"** in einer permanenten sich verwandelnden **Sichtbarwerdung** statt, wobei über die Strahlung zugleich auch alle gestaltgebenden Ideen der gesamten Schöpfung enthalten sind: **Reingeistiges** wird in manifeste **Sichtbarlichkeit** umgesetzt, denn das *„Licht als Strahlung"* ist beides: Substanz und Geistiges – **„Welle und Teilchen"**; denn

23 Jakob Lorber

beide sind gegenseitig Sich-Bedingende[24], weil jeder Gedanke als ein Geistiges sich in wahrnehmbarer Gestalt verwirklichen will. Denn das, was wir als **„Geist"** bezeichnen, besteht für unser denkendes Erfassen noch immer leider nur zu oft aus *„Pixel"* (Teilchen), die zwar mit den Objekten *„submikroskopischer Materie"* verwandt sind, aber über unser Bewusstsein letztendlich doch einer holographisch erfassbaren **„Quantenmechanik"** unterliegen. Und das macht David Bohms Feststellung besonders deutlich, dass sogar auch in der Welt der Gedanken eine Wechselwirkung zwischen Geist und Quant besteht: *„Geistige Phänomene wie Gedanken scheinen auch Komplementarität aufzuweisen. Denn Gedanken existieren als Manifestationen wie transzendente Archetypen, ähnlich wie Quantenobjekte mit ihrer transzendenten Überlagerung (Welle) und ihren manifesten Aspekten (Teilchen)."*[25] Und das wird im kommenden nächsten Bewusstseins-Äon zur Selbstverständlichkeit aller Menschen werden. Das bedeutet:

---

24 Goswami S.214: *Es ist klar, dass die Daten, die zwischen Geist und Quant Parallelen wie Unschärfe, Komplementarität, Quantensprünge, Nichtlokalität aufweisen.*
25 D. Bohm

SUMMA

In so genannten **„Raumenergiefeldern"** treffen im Kosmos das *„spirituelle Feuer des Geistes"* mit dem *„kosmische Reibungsfeuer"* der elektrifizierten Materie aufeinander, wobei über Radioaktivität neue Gestaltungen (Manifestationen) einerseits in Erscheinung treten, aber andererseits auch über das Bewusstsein im Prozess der evolutionären Umwandlung in ihre ursprüngliche Strahlung zurückverwandelt werden können. *Dynamisch-elektrische Manifestationen* werden im Kosmos quasi als *„physische Elektrizität"* von der alles bestimmenden *Spiritualität des Geistes* durchdrungen, welche die Materie im Kosmos belebt, einfärbt und sich als vitale *„Hitze"* über Strahlung auswirkt. **Heisenberg** spricht in diesem Zusammenhang von der hintergründigen **„Potentia"** als einem Kraftbereich (spirituelles Zentrum) außerhalb von Raum und Zeit, einem transzendenten Wirkungsbereich oder **„Quantenraum"**, in welchem die Ideen („Quantenwellen") wie die Platonischen Archetypen im transzendenten Bereich des Bewusstseins präexistieren. Denn es handelt sich in der *„Potentia"* immer um **„Strahlung der Essenz"**, die über radioaktive Energie in begrenzten Monaden einen stimulierenden Impuls bewirkt und über den *„Grenzring einer Monade"* (d.h. über deren eigene Peripherie) **hinausstrahlt**.

WELTENMODELLE UND „WIEDERGEBURT DES ÄTHERS"
(WIEDERENTDECKUNG!)

Ähnlich wie Areopagita in seiner **Schöpfungs-Hierarchie** unterscheidet auch Burkhard Heim in einem sechdimensionalen physikalischen *Weltmodell* unterschiedliche Seinsbereiche. Er stellt der **„materiell energetischen"**, quantitativ beschreibbaren und objektiv manifesten Ebene der Außenwelt eine *„virtuelle Ebene"* gegenüber. Die Außenwelt existiert über drei Raumkoordinaten und einer Zeitkoordinate und entspricht der *„expliziten Ordnung"* von David Bohms Modell. Die virtuelle Ebene stellt Heim dagegen als eine nicht numerisch festgelegte *„psychische Struktur"* dar, die teilweise nur intern erlebt werden kann. – In diesem *„umfassenderen sechdimensionalen Raum"* findet jenes Geschehen statt, was allein zur äußeren Manifestation (*„Expliziten Ordnung"*) führt.

In diesem *Weltmodell*[26] beschreibt Heim, dass immer *„korrelative Netzwerke als potentielle Strukturmuster komplementärer materieller Strukturorganisationen in der Raumzeit, deren Aktualisierung und Strukturen der physikalischen Welt sind"* und bezeichnet diesen *„virtuellen Raum einer 5. und 6. Dimension"* als **„Trans-**

---

26 Burhard Heim, „Elementarstrukturen der Materie"

bereich", aus dem die darin existierenden *„potentiellen Strukturen"* in die *„Physikalischen Raumzeit"* einstrahlen und quasi dort *„kondensiert"* werden. Dieser Transbereich entspricht auch dem *„Holomovement der impliziten Ordnung"* Bohms, die eine *„umfassendere Wirklichkeit als alle materiellen Prozesse der materiellen Wirklichkeit darstellt"*. Diese virtuellen Transbereiche entsprechen ebenfalls den **„Triaden"** der Hierarchie von Areopagita.

Auch Goswami[27] meint, dass das Universum als formlose „Potentia" in unzähligen möglichen Verzweigungen im transzendenten Bereich existiert.... und sich das Universum in dieser Art im transzendenten Bereich verzweigt, bis es in einer dieser Verzweigungen ein sinnlich wahrnehmungsfähiges Wesen (Mensch) gibt, dass mit Bewusstheit sehen und eine Quantenmessung vollständig zu Ende führen kann." Er führt weiter aus: „ an diesem Punkt erfolgt dann der Kollaps des (bisherigen) kausalen Pfades" – der in nächster Zeit auf Erden zu erwarten und bereits im neuen Bewusstsein der Menschheit vorprogrammiert ist.[28]

Das entspricht auch der Ideenlehre von Platon und deckt sich mit den Vorstellungen von **morphogene-**

---

27 Goswami S.183
28 Wheeler, A.J., „Quantum Mesurement Theory", 1986

tischen Feldern nach Sheldrake[29] sowie Beardens **„Skalarfeldern"**[30]. wobei Skalarwellen im Kosmos jederzeit durch geeignete Koppelung in elektromagnetische Wellen in Materie umgewandelt werden können und sowohl Bewusstsein (Psyche) steuern und umgekehrt auch von diesen beeinflusst werden. Sie wirken auf den Fluss der Zeit ein und überwinden den Raum. Auch **Edison** äußert sich in diesem Zusammenhang ganz ähnlich, wenn er sagt:

„Ich glaube nicht, dass Materie träge ist und durch eine von außen kommende Kraft bewegt werden kann. Mir scheint, dass jedes Atom von einer gewissen Menge primitiver Intelligenz beherrscht wird. Man betrachte nur die Tausende von Variationen, in denen Wasserstoffatome sich mit denen anderer Elemente verbinden und dabei die verschiedensten Substanzen formen. Können Sie behaupten, dass sie dies ohne Intelligenz tun? Atome gestalten sich zu harmonischer und nützlicher Verbindung, zu schönen oder interessanten Formen und Farben oder geben einen angenehmen Duft von sich, als

---

29 Morphogenetische Felder sind spirituell gesehen solche, die sich über die physiologischen Zellgrenzen hinaus erstrecken. Es sind unsichtbare organisierende Strukturen nicht elektro-magnetische Energien.
30 Thomas E. Bearden, S. 404 / Sein Skalarfeld ist ein anderer Begriff für Vakuumswellen – ein ständiger Fluss aufblitzend und verschwindender virtueller Teilchen: Skalarpotential des Vakuums – es sind Wellen, die keine Masse besitzen – durch Verbindung mit elektromagnetischen Wellen können sie in Materie umgewandelt werden (es handelt sich um Teslawellen).

ob sie ihre Genugtuung ausdrücken wollten. In gewissen Formen zusammengefügt erbauen Atome alle Gestalten, um sich schließlich im Menschen zu vereinen, der die Gesamtintelligenz aller dieser Atome darstellt."

Dubrow spricht in diesem Zusammenhang von *„autonomen Bewusstseinssteuerungen imaginärer Energieimpulse"* in seiner **Biogravitationstheorie,**[31] die einer Zelle ermöglichen, sich ständig in andere Gestaltungen umwandeln zu können, wobei bereits die Biophotonen im lebenden Organismus Sekundärerscheinungen dieser virtuellen Energien sind. Alle diese Bezüge lassen in den Biostrukturen erkennen, dass diese *„intelligenten Kräfte"* auch für alle raumzeitlichen Organisationen der Masse in Lebewesen verantwortlich sind.

Denn dabei geht es immer auch um den Schöpfungsvorgang selbst, den A. Wheeler wie folgend sieht: *„Das Universum als ein sich selbst erzeugender Kreislauf, wobei die Irreversibilität dieser Bewegung das grundlegende Prinzip des Universums ist."* In dem sich ein **„Quantenschaum** befindet"[32], in welchen so genannte *Schwingungsmuster aus transzendenten Bereichen* oszillieren (*„quasi eine Quantenfluktuation aus einem*

---

31 aus M.Bischof, „Biophotonen" (Lebewesen steuern eigene Raumstruktur und Fluß der Zeit: Dubrows Biogravitationstheorie, S.417)
32 Wheeler, J.A.

Überraum"), wodurch parallel zur *„Ausstülpung"* (Entfaltung von Energien zu einer substanziellen Verdichtung) gegenläuf*ig zum fließenden „Abstieg der Energien des Geistes ein Aufstieg als Auflösung"* aller substanziellen Manifestationen hin zum spirituellen Zentrum wieder erfolgt.[33]

ABSTIEG UND AUFSTIEG

In einem ewigen Kreislauf durchläuft die **Urstrahlung** die Schöpfung, in der alle erschaffenen Manifestationen wieder eine *Auflösung zur Transparenz* erfahren, und zwar in einem rückführenden Wiederaufstieg des Geistes aus der Materie ins *„spirituelle Zentrum"*, was bedeutet, dass das, was durch **Strahlung** zur Materie verdichtet wurde, sich über einen *Bewusstseinsaufstieg* wiederum über **Strahlung** zur Transparenz der Materie hin auflösen muss. Albertus Magnus hat im Prolog zur *„Himmlischen Hierarchie"* des Dionysios Areopagita diesen Grundgedanken mit folgenden Worten umrissen: *„An den Ort, von dem die Flüsse ausgehen, kehren sie zurück, um wiederum auszufließen."* Gott ist der Ort, von dem alles Seiende ausgeht: Alles, was ist, hat Gott erschaffen, um seiner Schöpfung Anteil am gött-

---

33 Wheeler, J.A., „Geometrodynamics", 1962

lichen Sein zu geben und es dadurch in alle Ewigkeit wieder zu sich zurückzuführen, und das erfolgt über die URENERGIE, die sich als URSTRAHL in die Hierarchie verströmt und wieder ins Zentrum zurückstrebt.

Erinnern wir uns an dieser Stelle noch einmal an die *„Hierarchie"* des Areopagita, der den Abstieg des Allbewusstseins in den unterschiedlichen Bewusstseinsdimensionen als eine *„Kondensation des Geistes"* beschreibt, indem quasi **Energiestrahlen** erstmals zu bestimmenden **Wirk-Kräften** werden, die immer mit der Vorstellung gestalthafter Geschöpflichkeiten verbunden sind. Daran kann man Kraft, Wesen und Gestalt unterscheiden, was allerdings vorerst für die *„2.Triade"* der Hierarchie nur **analog** verstanden werden muss. Denn es handelt sich darin für unsere Vorstellungen lediglich um *„Prinzipien"*, die quasi Differenzierungen, Derivate und Abspaltungen des Energie-Urstrahls darstellen, aber für eine menschliche Vorstellung nur in analogen Bildern[34] als *„Verkörperungen von Qualitäten und Kräften"*[35] erfahrbar sind. Heisenberg schreibt in

---

34 Heisenberg spricht in diesem Zusammenhang von „Potentia" als einen Bereich außerhalb von Raum und Zeit, einem transzendenten Wirklichkeitsbereich, dem „Quantenraum". Quantenwellen sind darin wie die Platonischen Archetypen, die im transzendenten Bereich des Bewusstseins existieren etc.

35 Swedenborg: *„Der sinnliche Mensch kann das Göttliche nur aus der Sicht der Welt heraus denken – wer aber nur aus der Natur und dem Licht heraus*

diesem Zusammenhang im Kapitel „*Positivismus, Meta-physik und Religion*" seines Buches: „*Der Teil und das Ganze*": ... „*es ist ein wunderbares Beispiel dafür, dass man einen Sachverhalt in völliger Klarheit verstanden haben kann und gleichzeitig doch weiß, dass man nur in Bildern und Gleichnissen davon reden kann.*"

Diese **Energiestrahlen** wirken sich in allen Gestaltungen und Formen aus, die sich im ganzen Universum finden. Die Bedeutung der mittleren 2. Triade der Hierarchie ist somit primär als *das organisierende und verbindende Prinzip*, quasi als die **Gestaltungs-Basis**, innerhalb der gesamten Schöpfung zu verstehen. Dabei setzen sich die Strahlenkräfte dieser mittleren Triade aus ungezählten Myriaden von Energieeinheiten zusammen, denen allen die Aspekte des Lebens bereits latent eingepflanzt sind und die es ermöglichen, sie nach außen in Erscheinung treten zu lassen. Diese im Abstieg befindlichen Strahlen „*verkörpern*" also Prinzipien von Energie-Typen. Für Bailey stellen sie „*Qualitäten*" dar, die sich im **Kosmos**, in der geschaffenen Welt, in allen Formen auswirken und miteinander im ganzen Universum in Beziehung treten.[36]

---

denkt, kann nur in den begrenzten räumlichen Vorstellungen denken – Im Himmel ist Raum und Zeit nicht begrenzt".
36 „Man muss bedenken, dass jeder Strahl eine Idee verkörpert, die als ein ,Ideal' wahrgenommen werden kann. Die Strahlen rufen im Wandel der Zei-

Wie bereits erwähnt, unterliegen ab der 2. Triade der Hierarchie alle Strahlungen einer *„Begrenzung"* hinsichtlich ihrer jeweiligen Gestaltung *(Typisierung)* und Bewirkung *(Ausstrahlung)* durch die im Universum vorgegebenen Gegensätzlichkeiten *(Polaritäten)*, jenes obersten Prinzips, das bereits im Gegensatz *(Dualität von Geist und Materie)* impliziert ist. Dieses Prinzip trägt der *„Schöpfer"* quasi in sich selbst als *„Unschärferelation"* aus, die sich in allen Gestaltungen allein in deren Gegensätzlichkeiten ausloten kann, was bedeutet: Ab der 2. Triade handelt es sich immer um **„Antagonistische Strahlen": Erschaffen, Umwandeln und Zerstören.**

Umwandeln bedeutet, dass sich ab der 2. Triade in allen Strahlungen die immer als Basis bestimmende **Trinität** ihre wahrnehmbaren Wirkung permanent verändert, und zwar durch die **Resonanz der Substanz**, die eine

---

ten jene Archetypen (Urbilder) hervor, welche die Erscheinungsformen auf dem Planeten modellieren und die Wirksamkeit der Evolution von innen heraus gewährleisten. Die dem Menschen angeborene Tendenz, Archetypen zu bilden, hat die moderne Psychologie bereits richtig erkannt. Es ist längst eine bekannte Tatsache, dass sich die gleichen Gesetze im Mikrokosmos wie im Makrokosmos auswirken. Jeder Strahl ruft drei energetische Vorbilder hervor, die dem Aspekt der Materie wie eine Schablone aufgedrückt werden, ob es sich nun um einen Menschen, eine Nation oder einen Planeten handeln mag." Aus Bailey: „Die sieben Strahlen"

jeweilige Schwingungsverdichtung impliziert. Dadurch nehmen die sich verändernden Energienstrahlungen in jeder tieferen Ebene eine andere der Verdichtung gemäße *„Einfärbung"* an. Das ist eine Duplizität in den Reaktionen: Der Ur-Strahl sinkt tiefer und gleichzeitig verändern sich beim Eindringen in tiefere Dimensionen die Schwingungen, so dass ständig neue Bedingungen entstehen und jeder *„Strahl"* dabei seinem Wesen nach den Gestaltungen eine Prägung gibt. Und das bedeutet: die universalen Strahlen strömen durch jedes System der Hierarchie als *„Einfärbung"*, um dabei die *„Basis-Trinität"* über gestaltende Wirkungen ständig umzuwandeln. Denn im Universum sind alle **Strahlungen** den jeweiligen Bewusstseinsdimensionen angepasste Energien als Ergebnisse bestimmter *Ideenträger und Gestaltungsprozesse*, worüber sich die alles belebende Spannung der *„Unschärferelation"* zwischen beiden Aspekten ergibt, was **das Leben schlechthin** bedeutet.

Diese **spirituellen Transbereiche** der Hierarchie sind allerdings für uns nicht vorstellbar, weil sie den Menschen verschlossen bleiben; denn der sinnlich wahrnehmende Mensch kann über das **"Spirituelle"** nur aus der Sicht seiner sinnlich wahrnehmbaren realen Welt denken und sich darum das Spirituelle auch nur analog in *„bild-*

hafter Gestaltung" vorstellen.[37] Diese Vorstellungen, die der Sinnenwelt des menschlichen Verstehens analog entnommen sind, können daher nur nach dem Grundgesetz verstanden werden, dass alles Sinnfällige immer auch ein rein Geistiges beinhaltet, und das bedeutet: Es ist das Gesetz der Analogie, wonach alle irdischen Vorstellungen über sich selbst hinaus ins Überirdische deuten. Nur in **Offenbarungen** wird den Menschen dieser Zusammenhang **„holographisch"**, also ganzheitlich und spontan über das **Quantenbewusstsein** eröffnet. Swedenborg berichtet in diesem Zusammenhang, dass dieser *„Abstieg der schöpferischen Energien"* entsprechend dem jeweiligen Bewusstseinslevel einer Dimension durch ständige angepasste *„Zustandsveränderungen"* aller Geschöpflichkeiten erfolgt. Die *„Aufnahmebereitschaft"* jeder Bewusstseinsdimension zeitigt dadurch zugleich auch ihre jeweilige *„Entfernung vom spirituellen Zentrum"* an.

Diese *Energie-Prinzipien* strahlen als *„eingefärbte Gestaltungsprozesse"* in die nächste 3. Triade ein und *„realisieren"* sich letztendlich in dieser untersten Bewusst-

---

37 Swedenborg / Himmel und Hölle Swedenborg: „Der sinnliche Mensch kann das Göttliche nur aus der Sicht der Welt heraus denken – wer aber nur aus der Natur und dem Licht heraus denkt, kann nur in den begrenzten räumlichen Vorstellungen denken – Im Himmel ist Raum und Zeit nicht begrenzt."

seinsdimension der Hierarchie, **im Kosmos als reale materielle Welt**, wobei dieser Manifestations-Prozess im Kosmos als Spiegelbild der **HIERARCHIE** des gesamten **Universums** zu verstehen ist. Dabei verändern sich permanent die Wirkungen aller Energiestrahlen, indem diese sich dem immanenten Strukturprinzip der kosmischen Bewusstseinsdimension unterordnen und sich dieser anpassend anverwandeln.[38]

SUMMA

Der Urstrahl fließt unaufhaltsam in die Schöpfung ein und erfährt dabei im absteigenden Ausfluss permanent eine stufenweise Herabminderung seiner Strahlungsintensität, welche immer der Aufnahmebereitschaft einer jeweiligen tieferen Bewusstseinsdimension angemessen ist, damit diese nicht durch „Überstrahlung" verletzt wird. Nach Areopagita erfolgen in der 2.Triade der Hierarchie zuerst als grundlegende „Gestaltungsprinzipien", indem sich aus dem „Urstrahl" unterschiedliche Energiestrahlen differenzieren. Zwar wird dabei die Wirksamkeit dieser Energiestrahlen umgewandelt, aber

---

38 Jakob Lorber benennt dieses Prinzip die heilige Ordnung. *„Ohne diese Ordnung kann kein Wesen irgendeine bleibende und stetige Form und somit auch nie einen bestimmten Sinn haben."* Es ist die Kraft der Strukturierung der immanenten Ideen.

diese werden nach wie vor weiter von der „Trinität" des Urstrahls integrierend bestimmt. Damit beginnt ein Prozess in einer Art „Kettenreaktion" unendlich differenzierter Gestaltungen, der zugleich auch der Beginn von Wechselwirkungen unterschiedlicher Energiestrahlungen[39] ist. Für Bailey stellen diese Differenzierungen „Qualitäten" dar, die sich im Kosmos, der geschaffenen Welt, in allen Formen auswirken und mit dem Universum spiegelbildlich in Beziehung treten.

---

39 Aus A. Bailey: „Die sieben Strahlen

TEIL II

KOSMOS

Die 3. Triade schließt als tiefste Bewusstseinsdimension im **KOSMOS** die gesamte Hierarchie nach unten hin ab. Entziehen sich die beiden oberen *„Triaden der Hierarchie"* wegen ihrer *„Gestaltlosigkeit"* weitgehend einer menschlichen Vorstellung, so wird der unterste Seinsbereich wegen seiner Gestalthaftigkeit einer bildhaften menschlichen Vorstellung nicht nur wieder zugänglicher, sondern als Objekt der Forschung sogar bewusstseinsbestimmend. Swedenborg schreibt dazu: *„Müssen diese beiden (oberen) Bereiche im Verborgenen bleiben,… so tritt die unterste Stufe der Hierarchie mehr in die Vorstellung einer Sichtbarkeit. Darum ist diese letzte Stufe der Hierarchie die* ***Grundordnung in der Kette gegenseitigen Einwirkens."*** [40]

Denn nur im Kosmos gibt es materielle Gestaltungen, die in dieser tiefsten *„Abstiegs-Bewusstseinsdimension"* das Ergebnis unendlicher Kombinationen von *Energiestrahlen* verschiedenster Elemente und Atome sind, die wiederum der Ausdruck bereits vorher festgelegter Ideen (Geist) beinhalten, die jedoch für den Menschen nur ausschnitthaft zu erfassen sind. Nur im Kosmos gibt es **„Materie"**, die quasi die *„Kategorien"* von **Raum und Zeit** impliziert, womit diese drei Aspekte: *Raum, Zeit und Materie das „Rohmaterial"* im Kosmos sind. Da-

---

40 Swedenborg „Himmel und Hölle"

bei steht **„Energie"** mit Materie (Raumkörper) und Zeit (Bewegung) in Proportion. $E= m \times c^2$. Insofern ist der Kosmos als Ganzes eine Kategorie *sui Generis*, der von einem *Energiestrahlenfeld* permanent erfüllt ist und durchflutet wird.

Das bedeutet: die Urenergie kondensiert als spirituelle Energie im Kosmos zu Materie, wird quasi zur Materie *„zusammengeballt"*, die wiederum Licht und Wärme abstrahlt. Durch diese permanente Energiezufuhr entstehen im Kosmos dynamische Strukturen, die sichtbarer Ausdruck unsichtbarer **Schwingungsfelder** sind. Es ist jener permanente Verdichtungsprozess von Energien zu Materie, deren kleinste „Teilchen" die „Quarks" sind, die an der Grenze von Licht und Energieumwandlung stehen. In diesem *„Verdichtungsprozess"* ordnen sich z.B. in den Schwingungsknoten verschiedener Energie-Frequenzen **„Materieteilchen in Feldverdichtungen"** an[41], und zwar immer dann, wenn sich die gegenseitigen Kräfte durch Überlagerungen (Interferenzen) der Frequenzen aufheben, *wobei Frequenzen immer von der „unterschiedlichen Substanz" abhängen"*, *in der*

---

41 Teilchen, die in der Quantentheorie (Heisenberg) Feldern zugeordnet werden, nennt man Photonen, aus deren Schwingungsfeldern Materieteilchen als Verdichtungen dieser Felder hervorgegangen sind. Sie sind als Knoten sich überlagernder Wellen zu verstehen und scheinen dem „Nichts" zu entspringen. Marco Bischof, „Biophotonen", S.216

eine Energie in einer jeweiligen Bewusstseinsdimension schwingt.

Giordano Bruno spricht in diesem Zusammenhang, dass alle Geschöpflichkeiten von einem **„inneren Prinzip"** im Kosmos zusammen gehalten werden, wobei der Motor aller Bewegungen aus diesem inneren Zusammenhang von *„Gestirnsseelen"* her resultiert. Damit vergleichbar ist die gegenwärtige Vorstellung eines **„Quantenäthers"** im Kosmos als integrierendes Medium.[42] Heute verwendet man in der Physik dafür Begriffe wie *Nullpunktenergie, Skalarfelder, Tachyonenfelder, Neutrinoozean oder Schwerkraftfelder.* Im Kosmos sind alle Gestirne aus dieser so genannten **„Raumenergie"** geschaffen und lösen sich über eine Kernverstrahlung auch wieder darüber auf. Denn *„Raumenergie (Äther) ist der Baustoff des Weltwillens".*

RAUMENERGIE

Nach Teilhard de Chardin sind alle diese Elemente bereits in der **„Raumenergie"** angelegte Grundbaustoffe, aus deren Anfang im Schöpfungsausstoß das gesamte Universum resultiert. Es sind die unterschiedlichsten

---

42 F. A. Mesmer: „Es gibt eine das ganze Weltall durchdringende und alles verbindende innere Kraft."

Baustoffe, die sich vom Urstrahl im gesamten Kosmos abspalten und diesen durchdringen. Denn allein die Ideen, die mit den *Interferenzwellen*, an ihren Kreuzungspunkten ein **Quant** als Zwischenteil von **Materie und Energie** erzeugen, sind in der Art ihrer Überschneidungen für die Form der gesamten Materie bestimmend, wobei die Vielzahl elementarer Kombinationen nicht vorstellbar ist. Alle Strukturen sind ein Ergebnis unendlicher Kombinationen der verschiedenen Elemente und Atome zu Molekülen, die den Ausdruck einer Idee repräsentieren und bereits vorher festgelegt sind, wobei die entscheidende Ursache die Kombination der Moleküle ist, die durch **Strahlungen** ausgelöst wird, indem sich diese dadurch zusammenbinden, um sich dann unendlich weiter entwickeln zu können (**Wachstum**).

Diese quasi *„vorprogrammierte Äthersubstanz"* ist nicht die wissenschaftlich beweisbare **„Materie"**, nämlich dasjenige, was Masse, Gewicht und Trägheit besitzt, sondern diese Materie ist laut gängigen Hypothesen zu etwas *„entmaterialisiert und reduziert"* worden, was sich stark von der *„Materie"*, wie die Sinne sie erkennen, unterscheidet. *Diese „Substanz" wird im Kosmos vom Äther[43] in einem Zustand der Bewegung gehalten, und*

---

43 Avalon: Eric Pearl, „Spirit & Soul" oder William Roman Hamilton, Physiker, Mathematiker

das bedeutet für die Physik: Eine Dualität durchläuft das Schema der Physik: **Substanz und Äther**. *Dabei gehört alle* **kinetische Energie** *zu dem, was wir „Materie" nennen, sowohl in ihrer atomaren als auch ihrer korpuskularen Form, wobei Bewegung oder Fortbewegung ihre charakteristische Eigenschaft ist. Alle* **potentielle Energie** *dagegen gehört zum unmodifizierten und universalen Äther; seine charakteristischen Eigenschaften sind Druck und Anspannung.*

Bereits Newton sprach in seiner *„Optik"* davon, dass es zwei Arten von **„Licht"** gäbe, das *„phänomenale Licht"* (Licht im physikalischen Sinne) und das *„numerale oder potentielle Licht"* (das lateinische Wort *„Numen"* bezeichnet eine unfassbare göttliche Wirklichkeit). Auch Fechner, der Begründer der *„Psychophysik"* vermutete bereits im 19.Jhdt, *„im Physikalischen müsse noch ein höheres Licht verborgen sein, dessen Lichtsubstanz Geist sein müsse."*[44] In seiner Schrift *„Der Baustoff der Welt"* führt F. Krause genau wie Tesla alle universalen Zusammenhänge auf dieses *„Numinose Licht"* zurück. „Licht" ist im Schöpfungsprozess der spirituelle **Urstrahl** und das Lebensprinzip in allen hierarchisch geordneten

---

44 „Wurzel des Quantenprinzips ist das Bewusstsein" S. 411 – Bailey spricht von „Wille" im Atom S.412
Quanten: Nils Bohr, M. Planck, G. Fechner. Dieser spricht von der „Geistigkeit der Materie"

spirituellen Bewusstseinsdimensionen des Universums sowie die im Kosmos wahrnehmbar wirkende Gestaltenergie.

Das Licht erfährt als Urstrahl im Universum ganz erhebliche Brechungen, die im Kosmos als *„materiellster Dimension"* im Universum zu jener scheinbaren *„Trennung von Geist und Materie"* führt. Wir sprechen jetzt nicht mehr von „Substanz und Urlicht", sondern von Materie und von wieder abstrahlbarem reflektorischem Sonnenlicht. In seinem Modell der Evolution ist für Popp *„dieses Entwicklungspotential die Gesamtheit aller Lebewesen als eine untereinander verbundene und sich gemeinsam entfaltende Einheit, in welcher verschiedene Individuen und Populationen sich nicht nur um ihrer selbst willen entwickeln, sondern auch im Interesse der Gesamtheit aller lebenden Systeme. Es handelt sich dabei um eine biologische Evolution und gleichzeitig um eine Entwicklung des Bewusstseins von seiner rudimentärsten bis zur höchsten entwickelten Form".*[45]

Denn: *„Durch jedes Atom in der Welt vibriert absolute Energie als Intelligenz".*[46] Edison führt weiter aus:

---

45 Popp, aus „Biophotonen – Licht in allen Zellen" (M. Bischof), S.237
46 „Aber wo kommt diese Intelligenz ursprünglich her?" fragte der Interviewer Herrn Edison. „Von einer Macht, die größer ist als wir", antwortete Edison. „Dann glauben Sie also an einen intelligenten Schöpfer, einen persönlichen Gott?" „Gewiss!"

„Je mehr wir die Materie studieren, um so weniger sehen wir sie als fundamental an, um so mehr erkennen wir sie als die bloße Äußerlichkeit von Energie, ebenso wie unser Fleisch das äußere Zeichen von Leben und Denken ist. Im „Herzen der Materie" ist etwas, was nicht stofflich ist, was ihr Form und Macht verleiht, was seine eigene Spontaneität und sein eigenes Leben besitzt; und diese subtile, verborgene und doch stets offenbarte Vitalität ist die letzte „Essenz" von allem, was wir kennen. Das Leben kommt zuerst und ist im Inneren; die Materie, gleichaltrig mit ihm in Bezug auf Zeit und unentwirrbar von ihm im Raum, steht in Essenz, in Logik und Bedeutung an zweiter Stelle, die Materie ist die Form und Sichtbarkeit des Lebens. Das Leben ist keine Funktion der Form, die Form ist ein Produkt des Lebens. Das Gewicht und die Solidität der Materie sind Resultat und Ausdruck von intra-atomischer Energie."* Es handelt sich dabei einerseits um **„substantielle Energiezustände"** und andererseits um **„Bewusstseinsveränderungen"**, die zwar immer parallel, aber im Kosmos nicht immer „zeitlich synchron" verlaufen.

SUMMA

Beide Aspekte (Geist und Materie) unterliegen im Laufe der Evolution permanenten Veränderungen, die im Kosmos nicht immer synchron verlaufen. Dadurch entstehen quasi ein „Sprung" oder jene „Diskontinuität", die als „Reibung" den notwendigen Impuls für eine Veränderung impliziert, wodurch eine Kettenreaktion im „spirituellen Quantensystems"[47] des Kosmos verursacht wird, was hinter allen Aktionen als **nichtlokales Bewusstsein und Prinzip zwar alles bewirkt**, jedoch in kein wahrnehm- und messbares Bezugssystem einzuordnen ist. Vorgreifend kann man an dieser Stelle sagen, dass es sich um jene *„Diskontinuität"* handelt, die auch im Leben eines jeden Menschen seine Wirklichkeit verschleiert und als Akt seines *„freien Willens"* ausgelegt wird, woraus dann irrtümlich jene fatale Identifikation des *„nichtlokalisierbaren Subjektes der Seele"* mit einem begrenzten individuellen **Selbst** entsteht. Das führt im Leben zu jenen Verblendungen, die nur über eine konsequente **Selbsterkenntnis** wieder aufgelöst werden können, was auch dem analogen **„Auflösungs- und Umwandlungsprozess"** im Wiederaufstieg der Materie über eine *„Höherpoten-*

---

47 Quanten sind spirituelle Energiefelder, geistige Zustandsformen, Kraftpotentiale der ätherischen Substanz.

zierung des Bewusstseins" entspricht. Parallel dazu ist z.B. auch die gegenwärtig zu beobachtende *„Entschlüsselung"* aller materiell-technischen Daseinsbedingungen zu sehen, die bereits in der Atom- und Astrophysik anstehen, was parallel zum *„Bewusstseinswandel ins Quantenbewusstsein"* nur zu erklären ist. Dadurch wird *der Neue Äon* eingeläutet, was den *„Wiederaufstieg"* der Materie ins spirituelle Zentrum zur Folge hat.

UMWANDLUNG VON MATERIE

Im gesamten Universum ist alles einem ständigen Wandel von Energie und aufbauender Formgestaltung sichtbarer Phänomene unterworfen, wobei sich diese wieder über *radioaktive Strahlenenergien „rückverwandeln"* oder sich zu neuen Gestaltungen *höher potenzieren* können. Ein ewiger Kreislauf, der im Kosmos z.B. in einer Supernova und dem Verglühen ganzer Galaxien wahrnehmbar ist. Nach einer vom Geistigen ausgehenden Entwicklung hin zur Materieverdichtung kehrt sich dieser Prozess um, um wieder in umgekehrter Folge hin zum Geist aufgelöst zu werden – **„Halbzeit der Evolution"** nach Ken Wilber. Auch Krause sah den *„Materiezerfall"* richtig als *spirituelle Energieumwandlung*, weil alle Materie sich wieder in ihre Urenergie auflöst.

Denn alle **Substanzen** sind aus Überlagerungen von Schwingungen aufgebaut, wodurch das gesamte Universum ein *durchgängiger Frequenzbereich* ist, der ein in sich abgeschlossenes Riesengebilde darstellt. In dieser **„Monade"** herrschen bestimmte *Strahlen-Gesetzmäßigkeiten*, die in sich schlüssig sind und so alle in dieser Monade befindlichen unterschiedlichen monadischen Einheiten gestalten und determinieren, wobei sich zwar alle Detailmonaden (Gestalten) untereinander gegenseitig beeinflussen, sich aber nicht vermischen können. Denn es handelt sich im Universum auch immer um unterschiedliche **Bewusstseinsdimensionen** als geschlossen-monadische *Frequenzbereiche*, die einem Kontinuum einer permanenten Umwandlung unterliegen, bei der diese sich quasi in sich selbst *„auflösen"*, so dass sie gleichsam in einen anderen Frequenzbereich übergehen. Diese kontinuierliche Umwandlung erfolgt von feinststofflicher universaler Substanz bis hin zur grobstofflichen Materie im Kosmos.

Bei allen *„Umwandlungen"* im Kosmos sind die bestimmenden *Schwingungsenergien* immer das Ergebnis eines **radialen Kernverstrahlungsfeldes**, worauf z.B. auch die Ursache für die *„Abstände und Bewegungen"* aller Gestirne untereinander beruht und alle Gestirne im Kosmos ständig **„Raumenergie"** verstrahlen. Auf diese Weise hält das **„Raumenergiefeld"** eines jeden Gestirns über seine Strahlungsintensität den Abstand zu den Nachbargestirnen, wobei sich aus den zu- und abnehmenden Intensitäten ihrer Energiefelder zwangsläufig die Bewegungen jedes Gestirns in die Richtung ergeben, aus der die Verstrahlung am intensivsten ist.

Im Kosmos erfolgen alle materiellen Zustandsveränderungen (Aggregate) über **„kosmische Raumenergie"** und werden als zeitlicher Prozess empfunden, der wiederum zur Vorstellung von **Bewegung und Raum** führt. Insofern ist *Materie, Raum und Zeit* das **„Rohmaterial"** im Kosmos, wobei alle physikalisch-wissenschaftlichen Ableitungen daraus lediglich das systemimmanente, begrenzte Ergebnis eines im euklidischen Denken nur dreidimensional vorstellbaren Raumes sind. Diese werden lediglich durch die „vierte Dimension", die Zeit, ergänzt, die Einstein zu jener systemimmanenten *Relativitätstheorie* veranlasste, welche letztlich auch nur eine Illusion ist und dem menschlichen Denken nicht aus seiner dreidimensionalen Gebundenheit heraushelfen kann. Eine Lösung dieses Problems kann allein durch die Annahme höherer Dimensionen erreicht werden, in die das gesamte kosmische System lediglich „eingebettet" ist. Bei diesen „Bewegungen" handelt es sich allerdings um den Wechsel zwischen zwei *Zuständen* und ist der Umschlag von einem Zustand in einen anderen, wobei immer eine Verwandlung (Mutation/Transformation) erfolgt.

Auf Erden vollzieht sich dieser Wandel in allen drei Naturreichen über kosmische Strahlungen. Dabei hat jedes Natur-Reich (mineral – pflanzlich – animalisch) seinen eigenen **Code**. Unfassbare ätherische Substanzen werden einerseits permanent zu dichten sicht- und greifbaren Welten komprimiert, die andererseits als objektive Welt nach einem *evolutionären Plan* wieder in den *transparenten virtuellen Urzustand* zurückverwandelt werden. Dabei wird all das, was während der *Erfahrungsperiode des geformten Daseins* an Ordnung, Rhythmus und Qualität ins Bewusstsein der Atome und Elemente eingepflanzt wurde, wieder *„mitgenommen"*. Diese *Auflösungs- und Umwandlungsprozesse* erfolgen über **Strahlungen radioaktiver Substanzen**. Es ist der *„befreiende Wechsel"* aus einem Zustand in einen neuen, höheren Zustand, der jeweils nach den Bedingungen einer Bewusstseinsdimension anders erlebt und als **Entwicklung oder Wachstum** im Leben verstanden wird. Dabei erfolgen **„Umwandlungen"** nur, wenn alle Bedingungen von einem Objekt dafür erfüllt sind, wobei sofort danach das *„Spiel bis zum nächsten Kipp"* wieder neu beginnt.

Denn der Äther beeinflusst die Materie und wird wiederum von ihr auch beeinflusst, weil im *kosmischen Raum* universelle sich selbst determinierende Energien am Werk sind, die sich sämtlich im Einklang mit einem sich selbst ordnenden Ganzen befinden. Alles das geschieht unter dem Gesetz einer *„scheinbaren Ausdehnung im begrenzten Kosmos"* durch spiralförmige Bewegungen und unter dem Gesetz eines zyklischen Wachstums in einer permanent kreisenden Wiederholung, wobei es das *„partielle Endziel"* jeder *„wachsenden Spirale"* ist, ihre eigene *„eingekerkerte Essenz"* in eine größere, sie umgebende Sphäre zu ergießen, um so wiederum im jeweils größeren Ganzen aufzugehen. Denn im Verlauf der Evolution wird das positive Leben eines jeden Atoms negativ gegenüber größeren Energiestrahlungen, zu welchem es hingetrieben oder hingezogen wird. Es ist das Urprinzip von Anziehung und Abstoßung.

SUMMA

In diesen **Prozessen** erfolgt der jeweilige **„Kipp"** über die *„Unschärferelation"* zwischen Substanz und Strahlung, die als gestalterische Spannung die Entwicklung im Leben in ständiger Bewegung hält. Wille und Geist sind dabei Impuls und Träger als **„Strahlung"** für die Wechselwirkungen. Denn vom physischen Standpunkt aus gesehen sind *Impuls und Geist* als Strahlenkräfte das, wodurch dieser Prozess über **Radioaktivität** ausgelöst wird, und zwar immer in der **Substanz**, denn das ist die Stoffbasis, in der die **Energie** schwingt. Auch die jeweilige Kraftentfaltung hängt von der Substanz ab, wobei die dabei erzeugte Spannung das **Wirkungs-quantum**[48] ist und der Radioaktivität als Strahlung immer die Vollendung in eine höhere Gestaltung ermöglicht. Bei jedem *„Dimensionskipp"* handelt es sich um die Transmutation der beiden Körper: *Physis und Ätherkörper.*[49] Das wird im neuen Bewusstsein erkannt werden, denn alle Versuche, es mit dem heutigen Bewusstsein zu beschreiben, bleibt Projektion eines Zukünftigen und ist nur die Vorstufe zum Aufstieg in eine höhere Bewusstseinsebene. Eine endgültige Transformation liegt jedoch noch in weiter Ferne und steht erst am Ende des neuen Äons fest.

Diese beiden Aspekte der Umwandlung verlaufen immer parallel, wobei sich Mutationen als Umwandlungen mehr auf biologisch-physiologische Körper beziehen – (Umwandlung in ein höheres Element, z.B. von Kohlenstoff in Silizium) – während im Hinblick auf das Bewusstsein eine *„Höherpotenzierung"* nur über die *Transparenz im Sinne einer „läuternden Entmaterialisierung"* erfolgen kann. Gemeint ist damit eine Loslösung von Ichverhaftungen, die nur über Erkenntnis und „Auflösung" der von einem Ich bedingten Bewusstseinsverhärtungen er-

---

48 Max Planck
49 Die Vorstellung nichtphysischer „Energiekörpern" taucht historisch in allen Kulturen unterschiedlich auf. Es sind feinstoffliche Körper aus Licht. Dabei steuert der Ätherkörper alle Prozesse im physischen Körper, der nach den tibetanischen Lehren auch nur „geronnenes Licht" ist.

folgen kann. Denn bei jeder „*Entmaterialisierung*" geht es doch darum, in ein transparenteres Bewusstsein oder höheres Element umgewandelt zu werden.

Also immer wenn in diesen Prozessen die Endphase einer *Monade* erreicht ist, wird die „*Essenz*" der Form aus ihrer *Gefangenschaft* erlöst, um sich wieder zur Quelle ihres Ursprungs zurückzuziehen. Dadurch wird sie von der Hülle (Grenzring) befreit, die bislang quasi als „*Gefängnis*" *(Form)* diente. Die Essenz darf so einer Umgebung entweichen, die zu „*Erfahrungszwecken und als Kampfplatz*" für die Dualität (Polarität aller Gestalten) zur Verfügung steht, wobei die Hülle oder Form jedweder Art ganz von selbst zerfällt. Dabei ist **Strahlung** immer das Ergebnis von **Umwandlung**, wobei diese immer die Vollendung eines *Binnenzyklus von spiralförmiger Umdrehungstätigkeit* kennzeichnet. Kein Atom wird radioaktiv-strahlend, solange sein eigener innerer Rhythmus noch nicht bis zu dem Grad stimuliert ist, dass das positive innere Energiepotential zur Auferlegung einer höheren Schwingungsfrequenz reif ist und die negativ-magnetischen Strahlungen innerhalb der Monaden von der Intensität dieser Schwingung bereits abgestoßen und nicht mehr von deren Anziehungskraft stabil gehalten werden können.

Dieses **Strahlungsgesetz** findet bei wissenschaftlichen Forschern allmählich Anerkennung, seitdem sie die **Radioaktivität** gewisser Substanzen festgestellt haben, der zufolge alle Substanzen auf einer gewissen Stufe ihrer Evolution zu **„strahlen"** beginnen, wobei alle **Energiestrahlenfelder** immer eine radiale Struktur aufweisen und die Zunahme der Dichte eines Körpers bestimmen. Das ist immer das Ergebnis von *Anziehungs- und Abstoßungskraft,* weil beides der Grundwirkung jedes *„kosmischen Verstrahlungsfeldes"* unterliegt. In diesem Zusammenhang sind einige klärende Gedanken zum „LEEREN RAUM" notwendig.

VAKUUM

Eine Vorstellung von einem *„leeren Raum",* einem **Vakuum**, ist falsch, da im Raum die sich durchkreuzenden Energien und Formen von *„Materie"* unweigerlich ihre Spuren hinterlassen. Diese Spuren sind nicht linear, umfassen dagegen weite Flächen, weil alle Objekte im Kosmos von ausgedehnten *elektromagnetischen Feldern* umgeben sind. Der *„Raum"* ist also kein Vakuum, sondern vielfach von einem *„Ätherschaum"*[50] durchflutet. So passieren den Raum zwar Lichtwellen ohne sich zu verändern, und dennoch entzieht sich der Raum

---

50 Wheeler

als solcher jeglicher Klassifizierung. Allerdings ist das gesamte Wirken im kosmischen Raum eine *universale Konstante (Monade)*, die als ein permanenter *„geistiger Befehl"*[51] zu verstehen ist.

Für die Wissenschaft gilt immerhin heute bereits die Feststellung: dass es eine *„Substanz"* gibt, die *„Äther"* genannt wird. Dieser ist quasi eine *„Trägersubstanz"*, die das Universum erfüllt, worüber die *Strahlungen des Urlichts* transportiert werden. Dieser Äther ist keine *„Materie"*, sondern unterscheidet sich außerordentlich von ihr, sodass uns nur die Unzulänglichkeit unseres Wissens dazu zwingt, Vergleiche von der *„Materie"* in ihrem gewöhnlichen physikalischen Sinn zu entleihen. Wenn wir aber die Existenz des Äthers als erwiesen annehmen, wissen wir, dass *„materielle Körper"*, die in ihm eingebettet sind, ihre Plätze auch wechseln können. *Denn es ist die Eigenschaft der Schwingungen des Äthers, den kosmischen Raum zu bilden, in dem alles existiert."*[52] Damit erübrigt sich auch die historische Debatte, ob Lichtstrahlen aus Teilchen oder Wellen bestehen. Sie wurde in der *Quantentheorie* damit beantwortet, dass ein Lichtstrahl aus **Photonen** besteht, deren *Aufenthaltsort* im Rahmen der Quantenmechanik durch eine *Wahrscheinlichkeitswelle* beschrieben wird,

---

51 Quantenwellen / Potentia im Kosmos / Monade /3. Triade
52 Avalon / Eric Pearl

wobei diese Wellen miteinander interferieren[53] können. In dieser Theorie der *„Materiewellen"* wurde bewiesen, dass jedem Teilchen eine Wellenlänge zugeordnet werden kann, und das erklärt, warum ein Elektronenstrahl auch Interferenzphänomene zeigt. Bearden nennt diese Ätherschwingungen **Skalarwellenfelder**.

„Skalarwellen sind longitudinal schwingende massefreie Wellen im elektrostatischen Potential des Vakuums, die nicht an die Lichtgeschwindigkeit gebunden sind (Licht ist eine Vektorwelle) und sich deshalb schneller oder langsamer als das Licht bewegen können." Es sind quasi **„trägerfreie Energien"**, die auch vom menschlichen Bewusstsein „angezapft" werden können. Diese Einflüsse oder Schwingungen, die eine Resonanz erwecken, wirken auf jede Form und jedes Atom im Kosmos ein. Von diesen trägerfreien Energien lässt sich lediglich sagen, dass sie selbst **„Bewusstsein"** für Informationen zu entwickeln suchen, denen sie je nach der bewussten Resonanz, die sie erweckt haben, bestimmte Rhythmen von Strukturen auferlegen. Es handelt sich um ein so genanntes **Transferpotential**, eine Übertragung, die sich nur über die Quanten-Nicht-

---

53 Ein Photon ist eine erfolgte Interferenz zweier Lichtwellen, die am Schnittpunkt ein Photon bilden. Angeblich wird aus diesem Zusammenstoß neue Energie erzeugt? Falsch – zwar sind Interferenzen eine Art Zusammenstoß, aber lediglich als Schnittpunkt zweier Wellen zu verstehen, denn es gibt konstruktive und destruktive Interferenzmuster (Goswami S.95)

lokalität erklären lässt, weil beide: Geist und Quant auf Grund ihrer Quantennatur als ein nichtlokales korreliertes System agieren. Daraus folgert: Daten zwischen Geist und Quant weisen immer Parallelen wie *Unschärfe, Komplementarität, Quantensprünge, Nichtlokalität* auf. Für C. G. Jung sind darum Psyche und Materie aus demselben „Stoff", und diese **Parallelität von Geist und Quant nennt man Quanten-Funktionalismus oder Kohärenz.**

Dieses **„Skalarpotential"**[54] ist die potentielle Energie des sogenannten *„Vakuums"*, die jederzeit durch geeignete Kopplung in elektromagnetische Wellen und in Materie umgewandelt werden kann. Nach Bearden sind diese virtuellen Raumenergien als eine Art Rekonstruktionen und Weiterentwicklung von Nikola Teslas **„Ätherkonzept"** zu verstehen. Ein weiterer Begriff für Skalafelder ist *„Vakuumwellen"*, über die sich ein ständiger Fluss aufblitzender und verschwindender virtueller Teilchen bewegt: Das *„Skalarpotential des Vakuums"*. Diese Raumenergien können sowohl **Substanz** wie **Bewusstsein**

---

54 Nachfolger dieser Theorien von Tesla war Thomas E. Bearden, der vom skalaren Elektromagnetismus und von der Erzeugung von Energie und Materie aus dem „Nichts" sprach. Seine „Skalarwellenfelder" sind ein anderer Begriff für ein Vakuumfeld und eine Weiterentwicklung von Teslas „Ätherkonzept". Skalarwellen können deshalb jederzeit durch geeignete Kopplung in elektromagnetische Wellen in Materie umgewandelt werden – Sie überwinden Raum und Zeit.

und **Psyche** steuern, als auch umgekehrt von diesen beeinflusst werden. Dabei wirken sie auf den Fluss der Zeit ein und überwinden in Gedankenschnelle den Raum. Denn das Skalarpotential ist *„virtuell"*, besitzt deshalb keine Masse, stellt somit eine *„eingefaltete, gefangene Energie"* dar und wirkt wie ein Akkumulator, in dem potentielle Energie gespeichert ist. Dieser „Weltwille" ist fundamentaler als alle daraus abgeleiteten Kraftfelder und erzeugt, da er keine Masse besitzt, quasi Energie und Materie aus dem **„Nichts"**.

Dabei wird im Kosmos das *„Absolute" (das spirituelle Innen)*, jenes **„Vakuumspotential",** durch ständige Veränderungen im objektiven Außen *„verhüllt"*, wobei das innere **Kernverstrahlungsfeld** selbst immer das unveränderte Absolute bleibt, allerdings nicht dessen ins Außen wirkende Intensität. Denn alles im Universum ist zweiseitig: Es gibt nicht nur einen materiellen Körper, sondern auch einen **Ätherkörper**: die beiden existieren gleichzeitig, wobei sich elektrische Ladungen, die aus modifiziertem Äther bestehen, als das kosmische Baumaterial erweisen. In diesem Zusammenhang wird auf Burkhard Heims sechsdimensionales Weltmodell hingewiesen. *„Im virtuellen sechsdimensionalen Raum existieren potentielle Strukturmuster, die auch im uns zugänglichen Raum realisiert werden."* Burkhard Heim,

„Elementarstrukturen der Materie."[55] Danach reagiert der gesamte Kosmos durch das Medium jenes gigantischen **Resonanzapparates** (Quantenätherraum) der selbst und alle darin wirkenden Monaden (Sonnensysteme) in ihren Einflussbereichen und durch die jeweils integrierende Bewusstseinsdimension begrenzt sind. Jede Form, vom winzigen Atom bis zur Riesensonne, ist die Verkörperung einer Lebenseinheit, die sich vermittels eines besonderen Reaktionsmechanismus als *Bewusstseins-, Gewahrseins- und Empfindungsträger manifestiert.*

RESONANZ

*„Als **Resonanz** werden in der Physik Vorgänge bezeichnet, bei denen ein schwingungsfähiges System mit seiner Eigenfrequenz durch Energiezufuhr angeregt wird. Hierdurch kann die Amplitude des angeregten Systems auf ein Vielfaches der Erregeramplitude ansteigen".*[56]

---

55 Heims „Elementarstrukturen der Materie. Stufenmodell / Mehrdimensionale „Räume": 3 materielle Dimensionen und 3 immaterielle (wechselseitigen Strukturaustausch). Es sind Transformationen von Strukturmustern über ihren gedanklichen und spirituellen Hintergrund oder besser Seinsgrund, der einerseits abgerufen wird, um an anderer Stelle wieder aufgebaut zu werden.
56 Wikipedia

Die Erweckung von Resonanz in der Substanz beruht auf **polaren Gegensätzen nach dem Gesetz von Anziehung und Abstoßung**. Und sie wird durch radioaktive Strahlung zum Ergebnis eines permanenten Umwandlungsprozesses – wobei Umwandlung immer die Vollendung eines *„Gebilde-Zyklus"* von spiralförmiger Umdrehungstätigkeit – kennzeichnet. Diese Wechselwirkungen folgen immer dem Gesetz der Schwingungen und sind buchstäblich die **„Resonanz"**[57] **oder Reaktion der Substanz auf eine Kraft, die spirituellen Ursprungs ist und von irgendeiner bewussten oder unbewussten Quelle ausgeht.** Von dieser *„spirituellen Willensquelle"* geht ein erster Impuls aus, um ein schwingungsfähiges Systems zum *„Aufschaukeln"* von Energieübertragungen zu bringen. Physikalisch gesprochen handelt es sich dabei um das **„Skalarpotential des Vakuums"**, das selbst keine „Masse" besitzt und deshalb bei „Übertragungen" auch keinen störenden Einfluss auf die Schwingungen nehmen kann. Es versetzt lediglich Wellen in Bewegungen, indem *„Verdichtungen und Auflösungen"* in der Materie verursacht werden; und das bedeutet, dass **Skalarwellen** jederzeit

---

57 Als Resonanz werden in der Physik Vorgänge bezeichnet, bei denen ein schwingungsfähiges System mit seiner Eigenfrequenz durch Energiezufuhr angeregt wird. In diesem Fall beträgt die Phasenverschiebung zwischen Erreger und erzwungener Schwingung 90 Grad, der Energieübertrag auf das schwingungsfähige System ist in diesem Fall maximal. Hierdurch kann die Amplitude des angeregten Systems auf ein Vielfaches der Erregeramplitude ansteigen. (Wikipedia)

durch Interferenzen in elektromagnetische Wellen und in Materie umgewandelt werden können, und auf diese Weise nach Bearden[58] sowohl *Bewusstsein als auch Substanz* steuern, bzw. auch umgekehrt von beiden beeinflusst werden können.

Voraussetzung für diesen universalen Prozess ist das Faktum, dass alle *„Geist-Teilchen"* über den *„Äther im Universum"* direkt mit einander verbunden sind. Das Umsetzen des schöpferischen Urimpulses geschieht über einen Prozess kontinuierlicher Energieverdichtung von Strukturen bis hin zur Materie und erfolgt quasi über Nullpunktenergie, weil diese als Urenergie allgegenwärtig ist und durch alle Körper fließt. In der Nullpunktenergie ist alles in der Schöpfung in Samenform angelegt und funktioniert perfekt, aber diese **„Nullpunkt-Energien"** sind keine **Informationen elektro-magnetischer Art**, sondern unendlich viele Abstufungen von Energieformen, die bei der *Umsetzung von Gedanken* in ein sichtbar daraus Hervorgehendes im Kosmos beteiligt sind, was durch die Berührung und Verbindung

58 Bearden, Thomas: „Skalarfelder"; aus M. Bischof, „Biophotonen" (S. 404): „Insofern ist Beardens Theorie richtig; falsch sind nur seine alten physikalischen Begriffe. Es sind keine Gravitationswellen, sondern Urenergiestrahlungen, die eben nicht schon physikalisch nachweisbar, aber durchaus bereits erfahrbar sind. Sklalare sind eine unbenannte Zahl von Vektoren – Flächen – Tensore – Bestimmungen.

dieser Energien mit **dem alles durchflutenden Äther im Kosmos** erfolgt. Dieser Äther ist der Urenergie noch sehr ähnlich; und von diesem hängt das gesamte Leben im Kosmos ab. Natürlich auch das **Bewusstsein** der Menschen, denn das ist selbst wieder eine Annäherungsform an den Geist der Urenergie, weil das Bewusstsein auch eine besondere Affinität zur Urenergie hat.

WECHSELWIRKUNGEN" ZWISCHEN „WELLE UND TEILCHEN"

KOHÄRENZ

Kohärenz[59] von *„Quant und Geist"* bildet quasi die Brücke zwischen potentiellen und aktuellen Informationen *kosmischer Biophotonenfelder.* Kohärente Zustände bezeichnen genau diesen Zustand und sind somit die Schnittstelle zwischen den *virtuellen wellenhaften Feldern der potentiellen Informationen und den messbaren teilchenhaften Feldern des aktuellen Zustandes.* Kohärente Zustände sind **„Wellenpakete"** mit ganz

---

59 Kohärenz = die Fähigkeit der Wellen zur Überlagerung oder Interferenz, wobei sich die Feldamplituden verschiedener Photonenquellen gegenseitig verstärken oder abschwächen, wodurch ein geordneter Zustand entsteht, bei dem die Wellen ein kommunikatives Feld bilden.

außergewöhnlichen Eigenschaften. In diesen eigenartigen *„kohärenten Zuständen"* gilt für die Quantenphysik die grundlegende Regel der **„Unschärferelation"**, in der sich somit prinzipiell unvereinbare Gegensätze zu einer neuen höheren Einheit vereinen. Sie liegen mitten zwischen Teilchen und Wellenaspekt. Dabei ist ein Teilchen definitionsgemäß etwas Lokalisiertes, sozusagen eine auf einen Punkt zusammengeschrumpfte Welle. Allerdings gibt es im Kosmos weder reine *Wellenhaftigkeit* noch reine *Teilchenhaftigkeit* oder Inkohärenz. Beide Zustände sind ineinander verflochten und können einander nie völlig vernichten.[60] Beide sind untrennbar Getrennte, um sich in der **Urenergie** als schöpferische Kraft in der Erschaffung des Universums **über den ausfließenden Urstrahl** in Biophotonenfeldern zu differenzieren.[61]

Was nun die Biophotonenfelder zur Brücke zu höheren Dimensionen macht ist ihre Kohärenz. Sie vereinigen Welle und Teilchen in sich und bilden so die Mitte zwischen potentiellen und aktuellen Informationen. Kohärenzen sind dabei Überlagerungen von Wellen, in deren Knotenpunkten sich Materieteilchen bilden. Auf diese

---

60 Werner Heisenberg „Physik": „Reine „Wellenhaftigkeit" gibt es in Wirklichkeit ebenso wenig wie reine „Teilchenhaftigkeit". Beide sind ineinander verflochten und rückgekoppelt, können aber einander nie völlig vernichten."
61 Heisenberg

Weise ist das **Biophotonenfeld** durch kohärente Zustände mit dem **„Vakuumfeld"** verbunden. Dabei ist das *„Licht als Strahlungsenergie"* einerseits das organisierende Prinzip für die Materie und andererseits bestimmen morphogenetische Felder als informierende und formbildende Faktoren wiederum das Biophotonenfeld. Denn die Steuerung des molekularen Geschehens erfolgt in den Zellen durch Signalübermittlung mittels Lichtteilchen, die Lebenskraft aufnehmen und den Stoffwechsel aktivieren, wobei bestimmte Moleküle wie z.B. DNS, RNS oder helixförmige Proteine die Fähigkeit besitzen, mit Hilfe der Biophotonen den Stoffwechsel zu koordinieren, was wiederum bedeutet, dass Organismen ankommende Signale je nach Resonanz empfangen, absorbieren oder einfach hindurchlaufen lassen können.

Was die Biophotonen aus der Sicht Popps zu einer Brücke zu „höheren Dimensionen" *macht*, ist ihre **Kohärenz.** *„Kohärente Zustände vereinigen Welle und Teilchen in sich und bilden die Mitte zwischen potentieller und aktueller Information. Biophotonenfelder sind also eine Schnittstelle zwischen den virtuellen, ganz auf der wellenhaften Seite stehenden Feldern der potentiellen Information und den messbaren, auf der teilchenhaften Seite stehenden Feldern der aktuellen Information, die in den* *kohärenten Zuständen eng ineinander verschränkt existieren".*[62]

Auch Heim sieht die *„Brücke zwischen Geist und Materie"* für **Struktur-Informations-Felder** allein in den **Photonen-Strahlungen**, weil diese wissenschaftlich *„fassbarer als die Tachyonen"* sind[63]. Zwar durchfluten Tachyonen schneller als Lichtgeschwindigkeit auch alle Strukturfelder – sie sind *„gequantelt"* und somit keine *echten Teilchen* – haben aber im Gegensatz zu den *Photonen* ohne messbare Energiestrahlung einen *imaginären Charakter.* Photonen existieren dagegen *„wie alle elektromagnetischen Felder zur Gänze in der uns zugänglichen Raumzeit und bilden somit ein „wahrnehmbares vermittelndes Glied" zwischen den außerhalb der gewöhnlichen Raumzeit liegenden potentiellen Organisationsmustern des virtuellen Bereichs und dem messbaren raumzeitlichen Bereich der Materie."*[64] Darum werden sämtliche zwischen Teilchen wirkenden Strahlungen, sowie deren elektromagnetischen Felder heute

---

62 Marco Bischof, „Biophotonen", S.414
63 Tachyonen sind hypothetische Teilchen, die sich schneller als das Licht bewegen. Sie werden als *superluminar* bezeichnet. Siehe auch Quantenfeldtheorie und Stringtheorie. Tachyonen werden auch mit Neutrinos gleichgesetzt.
64 M. Bischof, „Biophototen", S. 410: Fast alle schreiben den Photonen eine Schlüsselrolle als Mittler zwischen Teilchen und messbaren physikalischen Strahlungen und einem Transbereich nicht mehr messbaren, aber noch stofflicher, noch nicht geistiger Dimension zu.

---

auf den Austausch *virtueller Photonen* zurückgeführt. Nach Diracs[65] *Wellen- und Teilchentheorie* kann man Licht als Wechselwirkung zwischen Atomen und elektromagnetisches Strahlen zur Emission von Photonen verstehen, wobei jede Welle als Oszillator zu betrachten ist. Perrin Francis[66] bezeichnete diese *Strahlenteilchen* als **Neutrinos** und stellte fest: *Wenn das Neutrino die Masse Null besitzt, kann man sich auch vorstellen, dass es im Atomkern nicht existiert, sondern wie ein Photon erst zum Zeitpunkt der Emission erzeugt wird.* Mit anderen Worten: **Neutrinos emissieren als kosmische Strahlungen die über Wechselwirkungen mit elektromagnetischen Energiefeldern im Kosmos wirken.**

NEUTRINOS

Ein Einstieg zum Verstehen solcher *„Wechselwirkungen"* der Urenergie im Kosmos ist über **Neutrinos** möglich, weil diese ein erster Ansatz für eine Art *„Wahrnehmung der Urenergie im Kosmos"* sind, was sich zwar nicht im Kosmos orten lässt, dafür aber als *fiktive Energie* umso größere Wirkungen zeitigt. Den Anfang dieser fiktiven Forschungsrichtung machten bereits Wilhelm Reich und

65 P. Dirac, „The Bird of Particle Physics"
66 F. Perrin, „Comptes Rendus"

Ludwig von Reichenbach[67] im vorletzten Jahrhundert. Sie benannten diese *„strahlenden Lebensenergien"*: **Orgon / Od**. Diese sind nicht mit der euklidischen Physik zu bestimmen, weil dafür das *„Aufnahmeorgan"* (Quanten-Bewusstsein) erst noch entwickelt werden muss. Die Menschheit ist allerdings in ihrer gesamten Bewusstseinsentwicklung jetzt an der *„Schwelle"*, diesen *Bewusstseins-Zusammenhang* mit den anderen **Dimensionen** über das **Strahlengesetz** neu zu entdecken, und zwar mittels der **String-Theorie**[68], die jedoch damit auch zugleich den gegenwärtigen Stand der Physik ad absurdum führen wird.

Denn nur darüber sind auch die an jeder Gestaltgebung im Kosmos mitwirkenden **Neutrinos** als Ideen- und Gestalttransmitter zu verstehen. Als pure Strahlung haben Neutrinos keine „Masse", werden aber im Kosmos durch den Äther wie Frequenzen *„gesteuert"*. Es handelt sich allerdings dabei um *„Quasi-Masse-Teilchen"*, weil sie sonst reine Urenergie wären, die im Kosmos pur zerstörerisch wirken würde. Es sind so genannte *„falsche Teilchen"*, die nur durch den kosmischen Äther – der ja

---

67 W. Reich, „Orgon" Lebensenergie und L.v.Reichenbach, „Od" (siehe Bischof, „Biophotonen", S.71)
68 Als String-Theorie bezeichnet man hypothetische physikalische Modelle, die anstelle der Elementarteilchen – das sind Objekte der Null-Energie – Strings verwendet. Diese sind die fundamentalsten Bausteine der Welt – es sind keine Teile im Sinne von Punkten, sondern „vibrierende eindimensionale Objekte": Strahlen!

alle Strahlen im Kosmos moduliert – und durch **Resonanzbedingungen** der jeweils gemessenen Substanz verursacht werden.

Bei diesen Wechselwirkungen zwischen einem Neutrino und einem Elektron prallt das Neutrino vom Elektron ab, wobei hohe Mengen von Energie und Impulse ausgetauscht werden und Elektronen mit **Protonen** in Wechselwirkung durch den Austausch eines Photons treten. Als **kosmische Strahlung** sind Neutrinos quasi *„Solare Raumschiffe"*[69] und *„bieten die einzige Möglichkeit, den massiven Schild eines Sternkörpers zu durchdringen und zu erkennen, wie es in seinem Zentrum aussieht. Diese Botschaft erreicht uns ununterbrochen, von einem Strahl getragen, der so hell ist wie das Licht der Sonne und den wir doch nicht wahrnehme können."* (Philip Morrison)

Frühere Zeiten erlebten die Wirkungen der *„Urenergie"* nicht als *„Fehlzündungen zwischen Quarks durch auftreffende Neutrinos"*, sondern als mystisch anmutende *„Wunder"*. Zwar sind auch heute noch nicht die dafür ***„zuständigen Neutrinos"*** erklärbar, ermöglichen aber den ungläubigen Wissenschaftlern, vorerst weitere Be-

---

69 Christine Sutton „Raumschiff Neutrino, die Geschichte eines Elementarteilchens."

wusstseins-Dimensionen als ein Zusammengehöriges zu akzeptieren und so endlich den Schritt in die spirituelle Welt hinter der klassischen Physik zu tun, um so die *Metaphysik* in ihre Überlegungen mit einzubeziehen.

„Es gibt daher (vorerst) nur eine universelle, relative Betrachtung, wenn man die Naturgesetze auf Erden erfassen will. Damit sind auch Raum und Zeit eine Relativität an sich und alle atomaren Kernbausteine unserer Materie werden letztlich in ihrer Auflösung nichts anderes sein als dieser „feinstoffliche Raum" selbst, weil alle Wirkungen im Raum ihren Ursprung im „Gedanken" haben und der Geist allein Wirkung im gesamten Universum hat. Ob dabei die feinstoffliche Materie bereits Geist oder nur vermittelndes Medium ist, bleibt verschlossen." (Alice Bailey)

SUMMA

Neutrinos haben dabei in allen Dimensionen die gleiche Bedeutung: *Gestaltimpulse zur Manifestation* zu sein, wobei sie in anderen Dimensionen hinsichtlich des jeweiligen *„Substanzzustandes"* andere Frequenzbestimmungen besitzen. So sind sie auf Erden z.B. für die **„Substanzart"** von Erscheinungen zuständig und für die ständigen Umwandlungen derselben wie in den Träumen der Menschen. Unsere reale *„Gestaltvorstellung"* auf Erden ist eine relativ sehr feste, aber im Element Wasser oder Luft ist der Begriff der Gestalthaftigkeit auch auf Erden kaum noch anwendbar. So muss man sich die *„Gebildehaftigkeit"* über **Neutrinos** vorstellen, die in viel höheren Frequenzbereichen als auf Erden von einer anderen *„Vorstellungskraft"* abhängen. Mit dieser *„Kraft"* operiert auf Erden nur unser **Ätherkörper**, der die Bilder in der Phantasie und im Traum ermöglicht. Genauso wirken die Strahlen-Energien der Neutrinos für den zukünftigen Einstieg ins *„Quantenbewusstsein"* sowie eines Tages sogar das *„Beamen"* darüber erfolgen wird. Das allerdings erst dann, wenn in der fernen Zukunft die festen Bestandteile der menschlichen Physis am Ende des nächsten Äons wieder einer *transparenteren Bildhaftigkeit* gewichen sein werden.

Die Urenergie fließt permanent durch das gesamte Universum und ermöglicht so das gestaltete Leben. Sie ist dabei in allen Dimensionen des Universums zwar die gleiche, wird aber in den verschiedenen Dimensionen unterschiedlich erlebt und erfahren. Die eigentliche Umwandlung der Urenergie über **Neutrinos** als *„Substanz"* **manifester Träger** erfolgt dabei nicht über ein *Oszillieren* derselben, weil – wenn das der Fall wäre – es bedeuten würde, dass es auch für Neutrinos einen *Ruhezustand* gäbe und man versuchen müsste, die Urenergie an bestimmten Frequenzen festzumachen. Aber da das Universum ein durchgängiges, flexibles *„Kontinuum unendlich vieler Geistteilchen"* ist, die den kosmischen Bereich – *als Ausschnitt innerhalb einer unendlichen Frequenzskala des Universums* lediglich für die Gestaltwerdung durchfließen. Dadurch gibt es quasi eine ganz natürliche Fortsetzung der Schwingungen von *„Geistteilchen"* in allen Dimensionen. Diese sind dann weder neutral noch sind sie *„Materie"* in unserem Sinne, denn diese quantenmechanischen Prozesse sind immer auf das Vorhandensein des Äthers als *„Aktivierung"* angewiesen, der die *„Potenz oder Matrize"* aller gestaltenden Energiefelder und somit auch die Voraussetzung für die *Höherpotenzierung des All-Bewusstsein*s ist.

ZWEI ENERGIESTRAHLUNGSFELDER

Bei allen *„Einstrahlungen dieser Primärteilchen"* handelt es sich immer um zweierlei Äther-Energieträger: zum einen für die Evolution des **Bewusstseins** und zum anderen für die materiellen **Gestaltbestimmungen**. Das sind die grundlegenden Basis-Energien der gesamten Schöpfung, die zwar immer synchron gesendet werden, aber im *Raum-Zeit-Gefüge des Kosmos* als direkte Strahlenpartikel nicht immer synchron in den empfangsbereiten Empfängern zur Wirkung gelangen. Es sind die zwei Zustände des Lebens überhaupt: *Erschaffen und Umwandeln*. In Wirklichkeit sind es zwei unterschiedliche Wirkweisen, die parallel wirken, insofern sie einerseits in den erschaffenen Gestalten als Energie gebunden sind, die aber andererseits zuvor als *Ideen eine bildende und schöpferische Beweglichkeit* waren, um dann in den Gestaltungen als **Lebendigkeit** zu wirken, was zugleich auch den Grad ihrer *Strahlung* bestimmt. Denn dabei richtet sich die Art und Bestimmung dieser Strahlungen nach der in einem Gebilde *„gebunkerten Energie"*, wobei Strahlen insofern spezialisiert zu sehen sind, weil sie die jeweiligen Gestalten nicht nur generell mit **Bewusstsein** versorgen, sondern was vor allem die notwendige spezielle Weiterentwicklung und Umwandlung (Wachstum) in allen Gestalten betrifft, und das erfolgt nicht immer synchron, aber im Prinzip nach einem gemeinsam ausgerichteten Level.

QUANTENFUNKTIONALISMUS

Voraussetzung für diesen universalen Prozess ist das Faktum, dass alle *„Geist-Teilchen"* über den *„Äther im Universum"* direkt miteinander verbunden sind. Dabei erfolgt das Umsetzen des schöpferischen Urimpulses über einen Prozess kontinuierlicher Energieverdichtung von Strukturen bis hin zur Materie quasi über **Null-punktenergie**, weil die Urenergie allgegenwärtig ist und durch alle Körper fließt. In der Nullpunktener-gie ist alles in der Schöpfung in Samenform angelegt und funktioniert perfekt. Dabei sind auch im Kosmos **„Nullpunkt-Energien"** keine **Informationen elektro-magnetischer Art**, sondern unendlich viele Abstufun-gen von Energieformen (Tachyonen, Neutrinos, Photonen etc.), die bei der *Umsetzung* von Gedanken und Ideen in ein sichtbar daraus *Hervorgehendes* sind. Vor allem aber ist es die Berührung und Verbindung dieser Energien mit dem **alles durchflutenden Äther im Kosmos**. Dieser Äther ist der Urenergie noch sehr ähnlich; und von die-sem hängt das gesamte Leben im Kosmos ab.

Da in der Tat die Grenze zwischen Energie und Materie fließend ist, konnte die Wissenschaft diese nicht-ma-teriell wirkenden Energiestrahlungen nicht exakt mes-sen und bis jetzt weder „beweisen" noch registrieren; Aber aus Energie wird Materie, denn Materie ist aus

Energiefrequenzen aufgebaut, wobei Materieteilchen Verdichtungen von Schwingungsfeldern sind, und diese kann man messen. Bereits Faraday war davon überzeugt, *dass Materie lediglich Feldverdichtungen seien: „Knoten im Feinstofflichen". „Nicht das Feld bedarf zu seiner Existenz der Materie als eines Trägers, sondern die Materie ist umgekehrt eine Ausgeburt des Feldes"[70], wobei es sich um Frequenzübertragungen oder Resonanzen handelt. „Daraus ergibt sich der Schluss, dass Psyche und Materie in einer und derselben Welt enthalten sind, überdies miteinander in ständiger Berührung stehen und schließlich beide auf anschaulichen transzendentalen Faktoren beruhen und deshalb nur zwei verschiedene Aspekte einer und derselben Sache sind."* (Goswami)

Goswami spricht ferner in diesem Zusammenhang von einem **„Quantenmechanismus"**[71]. Damit ist die Fähigkeit eines *„Quantenobjektes"* (eines Gedankens) gemeint, über ein eigentlich unüberwindliches *„physisches*

---

70 Michael Faraday glaubte bereits zu wissen, dass Materie lediglich Feldverdichtungen, Knoten im „Feinstofflichen", sind.

71 A. Goswami S.214 „Mir ist klar, dass die Daten, die zwischen Geist und Quant Parallelen wie Unschärfe, Komplementarität, Quantensprünge, Nichtlokalität und letztlich auch kohärente Superpositionen erkennen lassen, nicht unbedingt für schlüssig zu erachten sind. Denn was wir als Geist bezeichnen, besteht aus Objekten, die mit den Objekten sub-mikroskopischer Materie verwandt sind und Regeln unterliegen, die denen der Quantenmechanik ähneln."

Hindernis" (Gehirn) zu kommen, eine Fähigkeit, die sich allein aus seiner **„Wellennatur"** ergibt.

Für C. G. Jung liegt die Lösung dafür in der Annahme, dass *„Psyche und Physis"* oder Geist und Materie ohnehin aus demselben **„Stoff"**, und zwar aus **„Energien-Strahlungen"** sind, wobei das menschliche Gehirn als physisches Organ nur die Funktion eines empfangenden Messapparates besitzt, der für ein riesiges gedankliches Konglomerat oder Makro-Quantensystem von nichtlokalen, archetypischen Quanten das Empfangsmodul ist. Dabei funktioniert der Quantenmechanismus ähnlich wie ein Laserstrahl im Gehirn. Dieser öffnet sich durch **Kohärenzen** dem nichtlokalen Bewusstsein, worüber ein Transferpotential ausgelöst wird, das sich in der formlosen *„Potentia"* im transzendentalen Bereich des Bewusstseins befindet. Goswami: *„Zusammenfassend geht es mir darum, dass wir die Funktionen des Gehirns als Bewusstsein neu betrachten müssen, und zwar als Messapparat einerseits und auch als Quantensystem andererseits."*[72] Für ihn gibt es quasi zwei Bewusstseins-systeme: *„Es existieren im Gehirn zwei Bewusstseins-systeme, und zwar ein Makro-Quantensystem, ein Konglomerat von Archetypen als universale Quanten und das physische Gehirn, was nur ein Messapparat ist."*[73]

72 Goswami a.a.O
73 Goswami S.216

Korrekter wäre allerdings: Nicht im Gehirn, sondern über den **„Ätherkörper"** funktioniert ein Quantenmechanismus wie ein **Laserstrahl** als nichtlokales Bewusstsein durch Überlagerungen von Kohärenzen, worüber ein Transferpotential ausgelöst wird, was sich in der formlosen **„Potentia"** im transzendentalen Bereich des Bewusstseins befindet, und vom physischen Gehirn dann registriert wird. Denn das physische Gehirn funktioniert wie ein Computer, der mit Programmen arbeitet, die aus reiner Zweckmäßigkeit den deterministischen Gesetzen der klassischen Physik folgen. Das Quantensystem arbeitet dagegen mit Programmen, die nur teilweise algorithmisch sind und wie ein Laser funktionieren, der sich dem nichtlokalen Bewusstsein öffnet.

SUMMA

Allerdings werden diese Erkenntnismöglichkeiten erst über das neue **Quantenbewusstsein** sowie durch die damit verbundene substanzielle biologische Umwandlung zugänglich sein und die im Menschen latent angelegten *„Schwingungsmöglichkeiten"* wieder aus ihrer Latenz befreit werden. Noch ist es die Zeit der Entdeckung und damit zugleich die Zeit für die Entfaltung eines ganz neuen **Bewusstseinsansatzes**. Erst dieser wird es dann den Menschen ermöglichen, über diese *„Lichtpotentiale"* freier mit den neuen Wahrnehmungspotentialen umzugehen. Ohne der weiteren Entwicklung vorzugreifen – und sie wird sicher noch lange Zeit in diesem einseitig mental bestimmten Denken weitergeführt werden – lässt sich heute schon sagen, dass man mit dem bisherigen rein materiell-technischen Denken bei ausschließlicher Beschränkung auf physikalische Aspekte dafür keine Antwort finden wird, weil nur eine konsequente Bewusstseinsumstellung einen wirklichen Zugang zu höheren Schwingungsbereichen ermöglicht.

Denn alles besteht aus Schwingungen, die zusammen gehören, wobei der rein irdische Frequenzbereich ein sehr begrenzter ist. Dennoch dringen aus höheren Dimensionen ständig Schwingungen über Strahlungen zu uns durch, werden jedoch leider noch immer nicht genügend bewusst empfangen. Latent sind dafür zwar im menschlichen Bewusstsein so genannte „Chips" vorhanden, die auf Eingaben über eine Resonanz reagieren, aber dieser Resonanz-Empfang muss in Zukunft intensiver aktualisiert werden.

An diesen Prozessen kann man auch jetzt schon sehr gut beobachten, dass diese *„Durchdringung kosmischer Strahlungen"* im Kosmos immer als eine Art gegenläufiger Bewegung von *„Bewusstsein und Substanz"* zu verstehen ist. Denn Beide *„wachsen sich im Abstieg förmlich entgegen"*, indem die Materie in einem langen Entwicklungsprozess von der Zelle bis hin zur Ge-

schöpflichkeit einen biologischen Lebensträger hervorbringt, der für spirituelle Energie-Strahlen im Sinne eines
menschlichen Bewusstseins aufnahmebereit ist.

Damit steht der Mensch im Schöpfungsgeschehen
genau im Schnittpunkt zwischen **„Geist und Materie"**. Denn nur über die Menschheit, in der die beiden
universalen Polaritäten aufeinander treffen, um sich
gegenseitig zu durchdringen, erfolgt in umgekehrter Weise der Wiederaufstieg in die *„Transparenz der
Substanz über das Bewusstsein"*. Der Mensch ist quasi
die **„Unschärferelation"** im Universum, weil in ihm
die absteigenden Bewusstseinsdimensionen der spirituellen Hierarchie in der materiellen Gestaltgebung
im Kosmos aufeinander treffen, um über das Bewusstwerden der Menschen wieder den Aufstieg in
die Spiritualität zu beginnen. **Aus Jesus muss Chris-
tus werden.**

Allerdings muss dieses **„quantenmechanische
Wechselspiel"** zwischen den beiden Aspekten *„Substanz und Bewusstsein"* vom Menschen erst „erlernt"
werden, und das erfolgt im nächsten Äon. Dadurch
entstehen einerseits eine völlig neue Wahrnehmungs-
Objektivität und andererseits ein **Paradigmenwechsel** aller bisherigen Bedeutungen sowie das
Grundprinzip aller Bewegungen im Kosmos: *„Anziehung und Abstoßung"*.

Dieser Antagonismus wird dadurch auf eine höhere Bewusstseinsebene angehoben werden. Das Ziel wird die holographische Integrierung aller Gegensätze in einer höheren Einheit sein, wobei diese Neujustierung über Strahlung erfolgt, den Menschen *widerfährt*, und bereits jetzt schon im Kosmos nachweisbar ist. Dieser Strahlung müssen sich die Menschen nur öffnen.

TEIL III

MENSCHLICHES BEWUSSTSEIN UND STRAHLENWIRKUNGEN

SINNLICHE UND ÜBERSINNLICHE WAHRNEHMUNGEN

„Wir müssen endlich erkennen, dass wir sowohl spirituelle Wesen sind, die mit ihrer Seele in einer spirituellen Welt existieren, als auch materielle Wesen, die in einer materiellen Welt existieren"[74]. Und das bedeutet, dass im physiologisch-natürlichen Entwicklungsprozess der Menschheit als bestimmende Komponente immer auch der *„Geist als Bewusstsein"* hinzutritt und den *„Startpunkt"* für jegliche Weiterentwicklung markiert, die beim Menschen nicht mehr automatisch wie in den Geschöpfen der Natur erfolgt, sondern von diesem selbst mitbestimmt wird. Insofern ist nicht mehr die menschliche Physis allein die Basis (Biophotonenfelder) dieser Weiterentwicklung, sondern vor allem der **Ätherkörper** als bestimmender Impuls des Bewusstseins.

Allein dass unser Bewusstsein Informationen nicht nur über die physischen Sinne und äußeren Wahrnehmungen bezieht, sondern auch eine unmittelbare Verbindung zu höheren Bewusstseinsdimensionen hat, dafür legen parapsychologische Phänomene als *„Transkom-*

---

74 Vladimir Delavre, Signale aus anderen Welten – Wenn es ein Leben nach dem Tod gibt, ist nur darüber ein Informationsaustausch denkbar. (Aus dem Buch: „Am Fluss des Heraklit: neue kosmologische Perspektiven" von Eberhard Sens)

munikationen" oder außersinnliche Wahrnehmungen wie **Telepathie, Visionen, Präkognitionen oder Sendungen über „morphogenetische Felder"**[75] Zeugnis ab. Es handelt sich dabei immer um *„Resonanzen"* zu anderen unsichtbaren Informations- und Strahlungsfeldern. Diese Übertragungen sowie der Empfang und die Umsetzung spiritueller Strahlen erfolgen allein über den Ätherkörper, über den die Menschen die gesamte Lebensenergie zugeführt wird, ohne die kein Mensch leben könnte.

Die *„wissenschaftliche Hirnforschung"* spricht in diesem Zusammenhang von einem *„physischen Bewusstsein"* und im Gegensatz dazu von einer „intuitiven Intelligenz": *„Ich bin nun endgültig zu der Annahme gekommen, dass es im Menschen zwei verschiedene Intelligenzorgane gibt, und zwar den Thalamus (Sehhügel), welcher der Sitz des Instinkts ist, und die Hirnrinde (Cerebral Kortex), die der Sitz der verbündeten Fähigkeiten des Intellekts und der Intuition ist"*[76]. Auch Goldberg spricht in diesem Zusammenhang von Rationalität und Intuition, die nicht nur wie ein Tandem arbeiten, sondern wie zwei separate Wasserrohre, die denselben

---

75 Rupert Sheldrake spricht von „unsichtbaren Informationsfeldern".
76 Bailey, a.a.O. (Zusammenfassung von Dr. Deblee)

Zapfhahn bedienen[77], wobei *das Denkvermögen von der Seele Erleuchtung in Form von ausgeschütteten Ideen oder Intuitionen empfängt,* die ein direktes Wissen vermitteln, wobei Intuitionen immer als unfehlbar gelten.

Dieser Vorgang wird dann vom *„aktiven Denkvermögen"* (Wachbewusstsein) quasi wiederholt und überformt, indem die von der Seele übermittelten Intuitionen und Erkenntnisse dem empfangsbereiten Gehirn zugeleitet werden.[78] Im Prinzip gilt das nicht nur für Ideen, sondern für alle Gedankeneingaben, weil alle Aktivitäten des Geistes immer mit **„Nichtlokalität"** verbunden sind und so ein permanentes **„Oszillieren"** zwischen *Quantenbewusstsein und Ätherkörper* erfolgt; Übertragungen von Ideen oder Gedanken weisen darum auch immer auf eine „Kommunikation" zwischen diesen beiden **„Bewusstseinsarten"** hin: **„Denkbewusstsein"** und **„spirituelles Quantenbewusstsein"**, die eine gemeinsame Ursache haben und zwischen Geist und Quant Parallelen aufweisen.[79]

77 Phil Goldberg, „Die Kraft der Intuition", S. 32
78 *Das ist die Bestätigung der Platonischen Ideenlehre auf der neuronalen Ebene.*
79 Goswami, S.165f „Daraus ergibt sich der Schluss, dass Psyche und Materie in einer und derselben Welt enthalten sind, überdies miteinander in ständiger Berührung stehen und schließlich beide auf anschaulichen transzendentalen Faktoren beruhen und deshalb nur zwei verschiedene Aspekte einer und derselben Sache sind."

Man vermutet, dass **„virtuelle elektrische Impulse"** über Strahlen in einem quantenmechanischen Prozess *„im Gehirn über einen synaptischen Spalt von Zelle zu Zelle gelangen, um dadurch eine Höherpotenzierung zu bewirken."* Dabei ist der Ätherkörper die mediale Empfangsstelle für Energie-Strahlen und als Transmitter selbst integraler Bestandteil aller „Substanzformen", sowie die Basis für alle quantenmechanischen Bewusstseinsprozesse; denn dieser ätherische Energiekörper ist die Wesensäußerung alles Lebens, indem über ihn jede Form auf der äußeren, objektiven Ebene beseelt wird. Durch dieses „Medium" ist auch jeder Mensch grundsätzlich mit jeder anderen Ausdrucksform des Lebens verbunden.[80]

SUMMA
Höherpotenzierung / Wahrnehmungen

Daraus ergibt sich der Schluss, dass der Ätherkörper die Empfangsstelle für Energie-Strahlen und als integraler Bestandteil aller „Substanzformen" die Basis für alle quantenmechanischen Bewusstseinsprozesse ist; denn dieser ätherische Energiekörper ist die Wesensäußerung allen Lebens, indem über ihn jede Form auf der äußeren, objektiven Ebene beseelt wird. Durch dieses „Me-

---

80 Goswami S.165f

dium" ist jeder Mensch grundsätzlich mit jeder anderen Ausdrucksform des Lebens verbunden.

Zwar ist bei diesen Umwandlungen oder *„Höherpotenzierungen des Bewusstseins"* im Allgemeinen das Prinzip der *„vermittelnden und strahlende Energiefelder"* immer das gleiche wie bei den physischen **Biophotonenfeldern**, nur nicht hinsichtlich der gleichen Lichtenergie, wodurch sich in diesem Umwandlungs-Prozess beim Menschen ein anderes **Wirkungsquantum** ergibt. Dieses erzeugt beim menschlichen Bewusstsein eine ganz andere Proportion, weil diese Strahlen nichts mehr mit mikroskopisch vergleichbaren Bewegungen (Biophotonen, Neutrinos etc.) zu tun haben – nicht etwa, weil das Empfangsorgan „Gehirn" anders strukturiert wäre – sondern es werden einfach bei den für die Entwicklung des menschlichen Bewusstseins notwendigen Energien ganz andere **Bewusstseinsfelder** angesprochen, die man insofern nicht mehr mit den **„Biophotonenfeldern"** vergleichen kann. Denn der Mensch ist ein sehr *hochfrequentes Energiefeld,* das zwar hinsichtlich der zugrunde liegenden physiologischen Hirnmasse in seiner Mikrostruktur zwar nach den bereits beschriebenen Prozessen abläuft, aber hinsichtlich des menschlichen Bewusstseins selbst nicht mehr davon berührt wird.

Es ist eher umgekehrt, dass z.B. eine **Einstrahlung** von Energien in das Bewusstsein eines Menschen rückwirkend an körperlichen Mikroprozessen sichtbar werden kann: Erkrankungen, Visionen, Träume, Phantasien. Es handelt sich also bei diesen *Strahlen-Prozessen* immer um **„Resonanzen"** zu anderen unsichtbaren Informationsfeldern. Und diese medizinische Kenntnis, *„morphogenetische Felder oder spirituelle Übertragungen"* zu empfangen und verstehend umsetzen zu können, macht sich die gegenwärtige Medizin heute schon bei der Steuerungen von Prothesen zu nutze.

Überhaupt wird dieser Zugang zu **„morphogenetischen Feldern"** in Zukunft vielen Menschen wieder geöffnet werden, wobei gegenwärtig eine solche *„Öffnung"* aktiv über Konditionierung oder meditative Techniken nicht „antrainiert" werden kann. Das Gegenteil ist der Fall: nur im **Loslassen** aller blockierenden *„Willensimpulse und „konditionierten Bestrebungen"* kann es dem Menschen **widerfahren**. Denn willensmäßige Impulse verhindern jede parapsychologische Übertragung und machen gezielte Erfolge zunichte, weil solche *„empfangenden Öffnungen nach Innen"* niemals das Ergebnis determinierter oder willenmäßiger Methoden sind, sondern lediglich *„bedingungslose Bereitschaft"* voraussetzen.

Und dennoch wird es in Zukunft möglich sein, sich auch im völligen Wachbewusstsein in höhere Bewusstseinsdimensionen *„einzuklinken"*, und zwar genauso wie jetzt schon im Traum, in dem man zwar auch *„Wahrnehmungen"* hat, die aber nicht mit den grobstofflichen Sinneswahrnehmungen zu vergleichen sind. Denn im Traum ist im Gegensatz zum Wachbewusstsein jede Kontrollfunktion des Ich ausgeschlossen; darum erlebt der Mensch im Gegensatz zu wachbewussten Wahrnehmungen im Traum immer eine absolute **Einheit** von *Vorstellung, Handlungen und Verstehen*. Das ist ein holographisches Erleben. Erst wenn der Mensch das *„Risiko eines Kontrollverlustes"* so wie z.B. in der *Meditation* auch im **Wachbewusstsein** eingeht, werden diese jenseitigen *„Portale für sein Bewusstsein"* geöffnet werden. Noch ist allein der Ätherkörper der **„Traumkörper"**, und nur im Traum wird den Menschen quasi ein Einblick in die *„spirituelle Welt des Quantenbewusstseins"* gewährt, weil nur über diesen *„feinstofflichen Zustand"* *„parapsychologische Bildübertragungen"* erfolgen.

TEIL IV

ÄTHERKÖRPER / BEWUSSTSEINS-KÖRPER / TRAUMKÖRPER

Der Mensch besitzt bekanntlich einen *biologisch-physiologischen* materiellen Körper, der Träger seiner Sinne und Wahrnehmungen sowie für dessen phänomenologische Erscheinung verantwortlich ist. Darüber hinaus hat aber jeder Mensch auch einen *feinstofflichen* Körper, der nicht Träger der Sinne, aber mit dem physiologisch-biologischen Körper eng verbunden ist. Dieser Körper ist der **Ätherkörper.** Er ist aus feinstofflicher Substanz, die aus anderen Bewusstseinsbereichen stammt und darüber die Verbindung mit dem spirituellen Zentrum herstellt. *„Das ist euer „Traumkörper", in dem ihr zwar auch Wahrnehmungen habt, die aber nicht mit der grobstofflichen Sinneswahrnehmung zu vergleichen sind. Da diese feinstofflichere Substanz dem Geistursprung viel ähnlicher ist, gehen auch allein über diesen Körper" alle eure Vorstellungen, Gefühle, Gedanken, Phantasien, also euere gesamten Bewusstseinsaktivitäten".*[81]

Bailey hat den ätherischen Körper als ein mit *„Feuer durchwobenes Geflecht"* oder ein von *„goldenem Licht belebtes Gewebe"* bezeichnet. Die Bibel (Prediger 12, 6) spricht von ihm als *„güldene Schale"*, nach welcher erst später der dichte physische Körper geformt wird, wobei gemäß dem Gesetz der Anziehung (Adhäsion) die Physis dazu gebracht wird, sich an das Energiemodell anzuheften, bis beide Formen einander vollkommen

---

81 Smigelski, „Ätherleib und Quantenbewusstsein"

durchdringen und eine Einheit bilden. *„Das Ganze ist ein umfassendes System der Übermittlung und gegenseitigen Abhängigkeit, wobei der ätherische Körper den Urtypus für den physischen Körper bildet. Der Kern des Ganzen ist die Seele selbst, die den Ätherkörper belebt, über den die Lebendigkeit des grobstofflichen Körpers schlechthin ermöglicht wird."[82]*

Die Funktion des Ätherkörpers besteht also darin, *Energieimpulse* aufzunehmen und durch diese Kraftströme die Impulse zur Bewegung und Tätigkeit zu bewirken und zu erhalten. Denn der Ätherkörper selbst ist in Wirklichkeit nichts anderes als Energie und besteht aus Myriaden von Kraftfäden oder winzigen Energieströmen, die mit dem emotionalen und mentalen Körper durch deren koordinierende Wirkung in Verbindung gehalten werden. Diese Energieströme haben somit einerseits Wirkung auf den physischen Körper, indem sie diesen zur Tätigkeit je nach Art und Stärke der Energie, die den Ätherkörper gerade beherrscht, veranlassen und andererseits **alle Übertragungen von Ideen oder Gedanken als Informationen ins Bewusstsein ermöglichen**. Diese Kommunikationen weisen deutlich auf die gemeinsame Ursache hin, dass zwischen **„Welle und Teilchen"** immer kompatible Parallelen bestehen.

---

82 Jakob Lorber / Das große Evangelium Johannes

Diese *Koinzidenzen* stehen unter einer Art *Synchronizität* und beweisen das simultane Vorhandensein einer sinngemäßen Gleichartigkeit von heterogenen, kausal nicht verbundenen Vorgängen; und das beweist wiederum, dass Psyche und Materie in einer Welt enthalten sind. Dabei ist der *„Bewusstseinskörper"* die Empfangsstelle für Energie-Strahlen und damit zugleich der integrale Bestandteil aller *„Substanzformen"*. Daraus folgt, dass jeder wahrnehmbare Gegenstand sowohl ein **materielles** als auch ein **ätherisches** Gegenstück hat. Wir nehmen aber nur eine Seite bewusst wahr, die andere müssen wir folgern. Die Notwendigkeit für diese indirekte Folgerung hängt von der Natur unserer Sinnesorgane ab, die uns zwar über Materie berichten, aber uns nichts über den Äther sagen. Und doch ist das eine ebenso real und substantiell wie das andere, und ihre fundamentale gemeinsame Qualität ist die Koexistenz und Wechselwirkung, deren bemerkenswerte Realität überall herrscht und **das Ganze** unserer rein irdischen Erfahrung darstellt."[83]

SUMMA

Dieser Ätherkörper wird bisher von der Schulmedizin als nicht relevant angesehen, obwohl neuerdings eine gewisse Tendenz dahin geht, psycho-somatische Ver-

---

83 Alice Bailey

bindungen gedanklich einzubeziehen, was ein erstes Anzeichen dafür sein könnte, dass man unbewusst die Notwendigkeit spürt, die Kraft des **„Ätherkörpers"** zu akzeptieren. Denn es ist der jeweilige Zustand des Ätherkörpers, der einen Menschen für den Empfang von inspirierenden Strahlen öffnen oder ihn davor schützen kann. Denn der Ätherkörper ist das zentrale empfangende Sammelbecken für alle **Energieeinstrahlungen** des Lebens und ist durchtränkt mit den Qualitäten spiritueller Kräfte, die den Level eines Bewusstseins und die jeweils erreichte Entwicklungsstufe eines Menschen bestimmen und erkennen lassen.

Diese Energien, die über den **Ätherkörper** einfließen, sind von zweierlei Wirkungsweisen: als **Strahlenergien** für die *Vitalität* des physischen Körpers sowie für die **Entfaltung** des *Bewusstseins* eines Menschen im Leben und sind damit zugleich integraler Bestandteil aller *„Substanzformen"*. Denn der Ätherkörper bestimmt alle Lebensäußerung einer Inkarnation und beherrscht die Kräfte der Persönlichkeit, indem er alle Energien übermittelt, die zur physischen Tätigkeit anspornen. In diesen Prozessen ist der physische Körper ein bloßer *„Automat"*, der den Impulsen des Ätherkörpers folgt, die vom übergeordneten *„Selbst"* diktiert werden. Jede Veränderung oder Entwicklung im Leben erfolgt allein über den Ätherkörper, wobei jede unvermeidliche **Neujus-**

tierung des *Bewusstseinsaufbaus (Pubertät, Reifeprozesse etc.*) im jeweiligen Anfangsstadium unvermeidlich zu psychischen Konflikten und Disharmonien führt, die aber letztendlich allein der Erkenntnis im Leben zum Sieg verhelfen können.

Denn *„das ist jene Quantenmechanik im nichtlokalen Bewusstsein unseres **Ätherkörpers**, über die jener Kollaps und jene Diskontinuität herbeiführt wird, ohne die wir keine **„Hierarchie unterschiedlicher Bewusstseinsdimensionen"** erkennen könnten. Unser „**Selbst**" entstammt dieser Hierarchie sowie unser Bewusstsein vom Sein, weil es keinen anderen Ursprung des Bewusstseins im Universum gibt. Beide kommen aus der **„Spaltung von Subjekt-Objekt",** und nur so ist über den Menschen sich das Universum seiner selbst bewusst: **Das Quanten-Selbst**.*"[84]

Für Teilhard de Chardin ist das „Quantenselbst" die *„Noossphäre"*[85], jene nächste Stufe in der Bewusstseinsentwicklung: **Das Quantenbewusstsein**. Darum

---

84 Goswami a.a.O.
85 Die Noossphäre ist also die nächste Stufe im menschlichen Evolutionsprozess nach der Anthroposphäre, der Biosphäre, der Hydrosphäre, der Atmosphäre und der Lithosphäre. Es ist die Sphäre der synchronisierten Gedanken und bezieht sich auf das griechische Wort Noos: Einheit von Geist, Intellekt und Herzen.

lassen diese subatomaren Organisationsfelder es auch plausibel erscheinen, dass das Bewusstsein darüber Zugang zu ungewöhnlichen Informationsquellen hat und über *„strahlende Intuitionen"* diese spirituellen Quellen anzapfen kann, die reinen Sinneswahrnehmungen nicht zur Verfügung stehen. Gedanken, Ideen oder Vorstellungen werden dabei nicht als Eindrücke im Nervensystem (Hirn) gespeichert, sondern werden durch *morphogenetische Resonanz* direkt über den Ätherkörper aus eigenen, latenten Dispositionen wie vorgefertigte Muster vom Gedächtnis übernommen.[86] Das bedeutet, dass **intuitives Erfassen** von Ideen laut Platon[87] die reale Grundlage von Erkenntnissen ist, die nicht durch normale Sinneswahrnehmungen oder durch die Vernunft herbeigeführt und erzeugt werden können.

INTUITION

Die Definition des Begriffs *„Intuition"* kommt aus dem Lateinischen, und zwar von *„intueri: auf etwas schauen, in etwas hineinschauen, über etwas nachsinnen"*. In der Sprache des Lexikons: *Unmittelbares Gewahrwerden eines Sachverhaltes in seinem Wesen, ohne dass eine bewusste Reflexion darauf hingeführt hat, was auf alles Wahrnehmbare anwendbar ist. Intuitionen umfas-*

---

86 Rupert Sheldrake, „Formatives Kausalprinzip"
87 Platon / Ideenlehre

sen verschwommene Ahnungen und Gefühle ebenso wie grundlegende wissenschaftliche Entdeckungen oder göttliche Offenbarungen.

Denn eine Intuition ist der einzige Akt, durch den die Erkenntniskraft sich selbst formt, und zwar nicht nach der abstrakten Ähnlichkeit eines Objektes, sondern nach diesem selbst. Intuition kann man als ein *unmittelbares Erfassen von Wahrheit* definieren, das unabhängig von der Vernunft und Denktätigkeit erfolgt. Es ist das plötzliche Auftauchen einer vorher nie gewahrten Wahrheit im Bewusstsein, als ein direkter *„Einfall"* aus dem Allbewusstsein in das Denkvermögen hinein, was sofort als unfehlbar evident erkannt wird und keinerlei Fragen erweckt. *„Instinkt und auch Intuition beginnen „räumlich" gesprochen in den außerhalb unseres Bewusstseins gelegenen Bereichen unseres Selbst und entstehen vollkommen im Geheimen. Sie kommen aber gleichzeitig in unerwarteter Weise im Tagesbewusstsein zum Vorschein, wobei ihr Eintritt in unser Bewusstsein vollständig und plötzlich erfolgt".*[88] Denn die Intuition ist die direkte Assimilation einer Erkenntniskraft mit ihrem Objekt und eine unmittelbare *„Mitteilung"* ohne gegenständliche Zwischenvermittlung: *„Intuition ist ein außerhalb des Bewusstseins liegender Mentalprozess,*

---

88 Goldberg, a.a.O.

dessen wir von Zeit zu Zeit dunkel gewahr werden. Intuitive Inspiration und instinktive Energie werden zuletzt im vollständigen Selbst, das schließlich eine einzige Persönlichkeit bildet, unterworfen und geeint." (Pater Maréchal).

Insofern ist die Intuition eine Art vermittelndes Vorstadium des erst danach einsetzenden Denkens und Erfahrens. Intuitionen sind Eingebungen, die zuerst vom Ätherkörper empfangen werden und über eine Art Modul im Gehirn zur Vorstellung *„moduliert"* werden. Es handelt sich dabei immer um **Einstrahlungen** aus höheren Dimensionen. Die Aufgabe des Menschen ist es daher, Intuitionen in den gesamten Kontext des Lebens einzuordnen, um dann sichtbar in Taten umzusetzen. Und das erfolgt dann über die **Phantasie**, die direkt mit dem Ätherkörper fusioniert, um als bildhafte Erscheinlichkeit sich im Gehirn wie auf einer Matrize sichtbar auszugestalten. Dabei leitet ein mit Gehirnwellen kohärentes Nervensystem Informationen ohne elektrischen Widerstand weiter. So wie die Holographie von der Kohärenz des Laserstrahls abhängt, könnten danach Intuitionen auch von der Kohärenz des Nervensystems mitbestimmt werden, was wiederum zu tieferen Bewusstseinsebenen und bis zu dem allem zugrunde liegenden reinen Bewusstsein, dem SELBST führt.

Die meisten Menschen assoziieren den plötzlichen „Einfall" – *Heureka-* oder *Aha-Erlebnis* – mit einer Intuition,
die so zum ersten Schritt auf dem Weg zu einer **Erkenntnis** wird. Denn vieles von dem, was die Intuition leistet,
kann von der Vernunft allein nicht vollbracht werden,
die nur mit dem arbeiten kann, was über die Intuition
dem Verstand eingegeben und voll bewusst geworden
ist. Intuitionen haben darum immer etwas Überraschen-
des an sich, wobei das Überraschendste an solchen Si-
tuationen ist, dass wir unserer Sache ohne erkennbaren
Grund absolut sicher sind. Es ist etwas Unerwartetes,
was sofort in ein Erkennen der Selbstverständlichkeit
umschlägt; so nach dem Motto: *„Aha – aber natürlich –
warum habe ich das nicht schon längst gewusst!"* Dabei
ist jede typische intuitive Erfahrung immer von dem Ge-
fühl begleitet, ein *Empfangender* und nicht ein Initiator
der Intuition zu sein. Denn Intuitionen kann man nicht
selbst *„erzeugen"*, sondern sie kommen unerwartet von
innen heraus und doch genau im richtigen Moment; sie
kommen von einem unnennbaren Anderen: wir *„pro-
duzieren"* sie quasi und sind den Intuitionen gleichzeitig
„empfangend ausgeliefert".

*„Vernunft ist die langsamere und mühselige Methode
mittels derer jene, welche die Wahrheit nicht kennen,
sie nur entdecken können. Die Intuition unterliegt in-
dessen diesen Beschränkungen nicht; sie ist das Pro-*

dukt der Fähigkeit des Geistes, viele Dinge gleichzeitig zu tun, ohne sich dessen sofort bewusst zu sein".[89]

Bei allen Intuitionen wird **der Erkennende** selbst zum wahrnehmenden Zeugen, der das Erkannte als etwas erlebt, das er immer schon in sich trug. Ihm wird im Augenblick offenbar, dass die gesamte Schöpfung eine determinierte Darstellung der ewigen Wahrheit ist. Patanjali spricht in diesem Zusammenhang von der „Fähigkeit des Geistes", in *„Transzendenz versunken zu sein und gleichzeitig bewusst zu denken"*. Das klingt wie ein Widerspruch, da *„Transzendenz"* undifferenzierte Einheit und Bewusstsein ohne Denken zu sein scheint. Aber auf dieser erweiterten Bewusstseinsebene des Supramentalen, im **„Quantenbewusstsein"** ist der Zustand jener *„innerlichen Vertrautheit"* intuitiver Erfahrung erreicht, in das Objekt des Erkennens einzudringen und dessen Wesensgehalt zu erfassen. Allein über Intuitionen ist es den Menschen möglich, einen ersten Schritt in die richtige Richtung zu tun. Denn eine wachsende Bereitschaft für intuitive Eingaben besitzt die besten Aussichten das zu entdecken, was die inneren verborgenen Kräfte beabsichtigen. Nur so kann das heute so festgefahrene Modell einer rein mechanistischen, naturwissenschaftlichen Auffassung überwunden werden.

---

89 Pascal

Gegenwärtig machen sich Intuitionen allerdings nur gelegentlich in *„plötzlichen Erleuchtungen"* und im unmittelbaren Erfassen einer Wahrheit bemerkbar, wobei auch diese sich darin abzeichnende Bewusstseinsentwicklung immer das Ergebnis *„kosmischer Einstrahlungen"* ist. Diese sind in der Gegenwart wieder stark virulent, um dem jetzt anstehenden **„Quantenbewusstsein"** zum Durchbruch zu verhelfen. Intuitionen wirken bei den meisten Menschen noch sehr verdeckt wie etwas Partielles, Zufälliges, Fragmentarisches oder Momentanes, weil unser bisher **konditionierter Intellekt ein Hindernis für einen ungestörten Empfang solcher Eingaben** ist und Intuitionen immer wieder unterbricht. So bleibt die Intuition fast immer nur Anregung, Inspiration, zuweilen vielleicht Offenbarung, deren sich aber dann die *„Vernunft"* bemächtigt. Dabei wird nicht nur die Wahrheit verändert, sondern auch die potentielle Kraft der Erleuchtung durch Ergänzungen eingeschränkt, um sie den Bedürfnissen des Empfängers zu unterwerfen.

„Darum müsst ihr alle Aktionen der Intuition „ausweiten", damit sie euch so selbstverständlich wie eure Denkprozesse werden. Das erreicht ihr jedoch nur, wenn ihr die Übermacht eures Denkens mehr und mehr einschränkt und zum Schweigen bringt. Meditationen sind dafür eine gute Möglichkeit, Denken, Wollen und Fühlen umzuwan-

deln. Diese Umwandlung erstreckt sich dann in einer Übergangsphase, bis das supramentale Bewusstsein endlich greift und die alleinige Führung übernimmt."[90]

Und das bedeutet, dass die Menschen verstärkt aufgerufen sind, sich auf ein Risiko einzulassen, sich neuen Anforderungen zu stellen und das Wagnis auf ein bisher Unbekanntes und Neues einzugehen. Denn unabhängig von der Gefahr, Intuitionen der Illusion oder Täuschung zu bezichtigen, führt der Weg zum **Supramentalen**[91] **nur über intuitives Erkennen**, weil nur ein **Sich-Völliges-Öffnen für das „Dahinter"** den Empfang verborgener Kräfte garantiert. Zwar kann sich gegenwärtig der höchste Intellekt immer noch bis zu Abstraktionen und intellektuellen Konstruktionen versteigen, bleibt dabei dennoch immer im Phänomenalem irdischer Gesetze stecken. Das schöpferische supramentale Wirken von Evidenzen bleibt zwar immer noch mit einem real umsetzenden Handeln verbunden, das unseren üblichen *„mechanischen Vorstellungen"* noch immer entspricht. Dadurch entsteht eine Art Wechselspiel zwischen **intuitiver Mentalität und unserem Vernunft-Denken**,

---

90 Smigelski, „Ätherleib und Quantenbewusstsein"
91 Aurobindo: "Es ist schwierig, die Natur des Supramentalen einer Mentalität verständlich zu machen, die noch nicht durch geweitete Erfahrung mit ihm vertraut ist. Denn unsere Vorstellung von der Tätigkeit der Sinne wird durch die einschränkende Erfahrung des physischen Mental beherrscht."

wobei das nun innerlich wirkende Supramentale quasi der **Wirksamkeit unseres Handelns erst Sinn und Bedeutung verleiht und es in eine höhere Seinsebene erhebt.**

SUMMA

Dieser unmittelbare Zugang zur Wahrheit wird in Zukunft die letztendliche Bestimmung für alle Menschen sein, und es ist sehr wahrscheinlich, dass unser heutiges Denkvermögen eines Tages ebenso unterhalb der *„Bewusstseinsschwelle"* liegen wird, wie es heute bei den Menschen die *Instinkte* sind. Der Mensch wird dann im Reich der **Intuition** wirken und sich in Begriffen der Intuition mit ebenso großer Leichtigkeit ausdrücken wie jetzt in Begriffen des Denkens. Somit steht die Intuition in der langen menschlichen Bewusstseinsentwicklung von Instinkt und Intelligenz am Ende einer Dreiheit – **Instinkt, Intellekt, Intuition** – wobei der **Instinkt** gegenwärtig unter die Bewusstseinsschwelle gesunken ist, der *Intellekt* den ersten Platz in der Erkenntnis des Durchschnittsmenschen einnimmt und die *Intuition* über diesen beiden liegt.

Noch hält das gegenwärtige Denken im Gegensatz zur Intuition den Menschen auf der **Mentalebene** gefangen und bindet ihn mit den von ihm selbst erschaffenen

Gedankenformen, wobei dieses konditionierte Denken den „Überstieg" meistens in die höheren Bereiche des Gewahrseins versperrt. Die Intuition ist aber die alleinige Quelle jener Evidenz, die dem Menschen in fortschreitendem Maß das Geheimnis der Welt enthüllt, weil nur die Intuition der Zugang zum Quantenbewusstsein ist.

Denn „eine Intuition ist ein Gedanke, der in **ätherische Substanz** eingekleidet" ist. In dem Augenblick, da ein Mensch für solche Ideen empfänglich wird, beginnt er systematisch sich die Beherrschung der Äthersubstanz anzueignen. Es ist in Wirklichkeit ein Aspekt des großen Schöpfungsvorganges: „Ideen, die von den „**spirituellen Daseinsebenen**" ausgehen, um sich in die virtuell-spirituellen Bereiche der Mentalebene einzukleiden, um letztendlich – wenn Intuitionen überhaupt so lange am Leben bleiben – „Gestalt" anzunehmen. Denn nur so kann auch der Mensch im großen Schöpfungsvorgang einer Idee Form und Ausdruck verleihen".[92]

Opitz spricht in diesem Zusammenhang von einem „Attunement", was so viel bedeutet wie eine „Ausrichtung auf etwas Neues", was immer im Leben erfolgt, wenn eine partielle Entwicklung sich in einem Bifurkationspunkt befindet: „Wenn wir uns in unserem **Körper-Geist-Komplex** in einem Bifurkati-

---

92 Goldberg, Phillip; „Die Kraft der Intuition"

onspunkt[93] *befinden und unser Attunement mit der Nullpunkt-Energie übereinstimmt, kann man einen „Quantensprung" vollziehen."*[94] Denn nur über das *„Erwachen des supramentalen Bewusstseins"* wird im Menschen diese permanente **Intuition** freigesetzt, die in Zukunft der Menschheit zu einer völlig normalen Wahrnehmung werden wird. Aurobindo bezeichnet darum diese intuitive Wahrnehmungsfähigkeit sogar als **„sechsten Sinn"**, *der das einzig wahre Sinnesorgan sei.* Alle anderen Sinne sind nichts als *„äußere Behelfe"*, die aber unser Bewusstsein von sich abhängig gemacht haben, indem sie für unser Bewusstsein zu einem ausschließlichen Übertragungsorgan wurden und es so beschränkten. Dieser *„Sechste Sinn"* ist darum das wichtigste Instrument, um unser Bewusstsein über das *Mentale* hinaus ins *Supramentale* zu führen. Denn dieses Supramental gehört genau wie unser jetziges Bewusstsein auch ins SEIN. Zwar kann unser Bewusstsein dieses Unendliche widerspiegeln, aber selbst nicht unmittelbar das vollkommene Instrument des unendlichen Geistes sein. Denn alles, was es wahrnimmt, sind mentale Abbilder unseres Seins und nicht dessen innerstes Wesen. *„Allein über die*

---

93 Bifurkationspunkt – nach Ilya Prigogine „der Moment der Wahrheit, in dem sich die Zukunft eines Körpers entscheidet – ein Quantensprung! „Weggabelung"
94 Opitz, „Unbegrenzte Lebenskraft durch Tachyonen", S. 42 ff.

äußeren Sinne erfährt man das Universum nur als äußeres Schema oder Abbild und bekommt nur eine Ahnung von der wesenhaften innersten Wahrheit."[95]

TACHYONENFELDER

Allerdings ist ein solches direktes, vollkommenes Attunement über die **Strahlungen der kosmischen Nullpunkt-Energie** selbst nicht leicht herzustellen, weil Nullpunkt-Energie formlos und unstrukturiert ist, unser Körper-Geist-Komplex dagegen eine strukturierte Form von Energie darstellt. Das Problem ist also die Frage, wie sich etwas Geformtes mit einer formlosen Energie verbinden kann. So ist Nullpunkt-Energie zwar formlos, *existiert aber im Kosmos auch in einer strukturierten Form als „Partikel" (Welle-Teilchen-Dualismus)*, die sich mit Überlichtgeschwindigkeit bewegen: Es sind jene **„Tachyonen" oder Tachyonenfelder,** die genau wie die Nullpunkt-Energie die gleichen Eigenschaften besitzen und doch in sich den gesamten Bauplan der Schöpfung tragen. Opitz spricht darum weiter vom *„Wunder der Tachyon-Felder".*

---

95 Aurobindo, „Synthese des Yoga"

Diese sind bereits *„Wesenheiten"* im Sinne von bestimmenden Energiekräften und insofern virtuelle Gestaltvoraussetzungen oder erste Formalismen, aus denen sich weitere Gestaltungsmöglichkeiten ergeben. Es sind Teilkräfte der Urenergie, die als Überträger von Gestaltmustern fungieren, und zwar je nach der Art einer *„Substanz"*, um dann von dieser empfangenden Substanz ihre Bedeutsamkeit zu erhalten. Das ist wichtig, denn diese Kräfte sind innerhalb der Urenergie objektive, also in keinster Weise vorbestimmte Energien, sondern erhalten ihre Bestimmung als Kraft erst vom Empfänger, der sie assimiliert und dann in Aktivitäten umsetzen muss. Es sind also nicht unterschiedliche Energieübertragungen (denn die Urenergie ist immer und ewig die gleiche), sondern **unterschiedliche Wirkungsweisen in einer empfangende Trägersubstanz**. Denn alle Formen werden im Urstoff belebt und beseelt, und das sind die Wesensformen, wobei die Verschmelzung von Energie und lebendiger Substanz diesen Aspekt der Wesensäußerung als Aspekt eines *„eigenen Bewusstseins"* hervorbringt. Dieses Bewusstsein und die Wirkungen sind je nach der natürlichen Aufnahmefähigkeit, der Form und deren Evolutionsstufe verschieden. Denn jede erscheinbare Realität besitzt Frequenzgleichheit mit der dahinter wirkenden Idee, weil zwischen Welle und Teilchen immer Frequenzgleichheit besteht. Das hatte bereits Nikola Tesla festgestellt.

In diesem permanenten „Bewusstseinsprozess" sind die **Tachyonen** und die **Neutrinos** die Transmitter, die eine Brücke zwischen Idee-Geist und Materie-Gestalt bilden, weil sie keine echten Elementarteilchen sind, sondern eher eine Ansammlung elektrisch geladener Quarks, die keine Masse besitzen und somit in den Bereich der *„kosmischen Strahlung"* gehören. Sie sind rein virtuell und nicht messbar, werden aber durch ihre Wirkungen als existent erkannt, die durchaus messbar sind; sie sind daher selbst nicht zu fokussieren, denn sie sind elektrisch neutral und daher durch Magnetfelder nicht zu beeinflussen, erzeugen aber in der Fusion mit Magnetfeldern bei Elektronen und Photonen Strukturmuster, die dann wiederum Frequenzverbindungen erstellen. Darum kann man diese neutralen Teilchen nur über eine Wechselwirkung erfassen, über die bestimmte Signaturen erzeugt werden. Denn hinter dieser **Energiestrahlung** verbirgt sich die grundlegende spirituelle Natur aller Gestalten, wobei alle Veränderungen in der Materie über die Verbindungen mit elektronischen Vorgängen erfolgen, die wiederum Mutationen in den manifesten Strukturen hervorbringen können.

Da Tachyonen keine spezifische Frequenz – so wie die Urenergie – haben, können sie nicht durch Fremdenergien beeinflusst werden. Darum liegt der Verdacht nahe, **dass es sich bei Tachyonen um nichts anderes als**

um die Urenergie selbst handelt. Denn *„ein ganz entscheidender Unterschied zwischen Tachyonen-Energie und allen anderen Energien besteht darin, dass sie **keine spezifische Wirkung** auslöst, sondern über die Tachyonen-Energie erhält das gesamte Energie-Kontinuum Zugang zu einem allumfassenden Energiebüffet, von dem es sich nimmt, was und wie viel es braucht. **Wir steuern also selbst über unser Bewusstsein die Wirkung, die Tachyonen-Energie auf uns ausübt.***"[96]

Denn alle Eingebungen werden zuerst vom Ätherkörper empfangen und über eine Art Modul im Gehirn zur *„Vorstellung moduliert"*. Es handelt sich dabei immer um **Einstrahlungen** aus höheren Dimensionen. Die Aufgabe des Menschen ist es, diese Eingaben in den gesamten Kontext des Lebens einzuordnen und dann sichtbar in Taten umzusetzen. Und das erfolgt dann über die **Phantasie**, die direkt mit dem Ätherkörper fusioniert, um als bildhafte Erscheinlichkeit sich im *„Selbst"* wie auf einer Matrize sichtbar auszugestalten.

96 Opitz

SUMMA

„Wir haben nur diese Möglichkeit, uns zu verändern, entweder in Richtung der weiteren Bewusstseinsentwicklung oder in Richtung einer Bewusstseineintrübung. Nur wenn unser Körper-Geist-Komplex zum Supraleiter[97] *für* **kosmische Strahlen-Energie** *(Quantenenergie) wird, sind wir im Zustand von Harmonie, denn hier auf Erden kann der Mensch selbst entweder ein immer besserer Supraleiter werden oder aber seine Leitung immer mehr verstopfen."*

Jeder Mensch hat im Prinzip Zugang zu dieser Art **„spiritueller Interferenzmuster"**, und es erscheint einleuchtend, dass nur darüber auch alle **Intuitionen** erfolgen. Da nun jeder Gedanke oder jede Idee selber bestimmende Frequenzmuster erzeugt, erfolgen intuitive Übertragungen bei durchaus unterschiedlicher Aufnahmebereitschaft durch eine Art **Resonanzwirkung gleicher Frequenzen**, die im Gehirn fokussiert werden. Dadurch entsteht eine morphogenetische Resonanz über ein subatomares Netzwerk dynamischer Strukturen von Energiefeldern. Denn in der subatomaren Sphäre sind Substanz und Geist verbunden. *„Diese subatoma-*

---

97 technischer Ausdruck für Stromleiter, die dem Strom keinen Widerstand entgegensetzen

ren Teilchen sind dynamische Strukturen, die nicht als isolierte Einheiten existieren, sondern als integrierte Teile eines unauflöslichen Netzwerks von strahlenden Wechselbeziehungen."[98] Goswami spricht in diesem Zusammenhang sogar von zwei Bewusstseinssystemen und zwar von **einem Makro-Quantensystem und vom physischen Gehirn, was nur ein Messapparat ist.**"[99]

Dabei stellt sich die Frage, woran man den gravierenden Unterschied zwischen dem heutigen **Ichbewusstsein** und dem zukünftigen **Quantenbewusstsein** festmachen kann. Werden da lediglich bisher latente Bereiche aktiviert oder treten neue hinzu? Ist das Gehirn nach wie vor lediglich das Umschlagsmodul oder der Messapparat für ein reines Denkbewusstsein oder hat die Mensch-

---

98 Opitz, Christian / Unbegrenzte Lebenskraft, S. 36): Supraleiter; Frithjof Capra, „Das Tao der Physik": „Die subatomaren Teilchen sind dynamische Strukturen, die nicht als isolierte Einheiten existieren, sondern als integrierte Teile eines unauflöslichen Netzwerks von Wechselbeziehungen." Für Teilhard de Chardin ist es die Noossphäre, die aus Partikeln des menschlichen Bewusstseins zusammengesetzt sei.

99 Goswami, S.216: Das physische Gehirn funktioniert wie ein Computer, der mit Programmen arbeitet, die aus reiner Zweckmäßigkeit den deterministischen Gesetzen der klassischen Physik folgen. Das Quantensystem arbeitet hingegen mit Programmen, die nur teilweise algorithmisch sind, wie ein Laser funktionieren und sich dem nichtlokalen Bewusstsein öffnen. (S. 220)

heit bisher allein nur diesen Teilbereich aktivieren können? Werden weitere Bereiche aus der Latenz befreit, wobei diese jedoch selbst nichts mit dem Bewusstsein zu tun haben? Handelt es sich dabei lediglich um eine Erweiterung der Empfangs- und Speichermöglichkeiten (vergleichbar einer Hardware-Aufrüstung am PC) und worin besteht die Mitarbeit der Menschen selbst an diesen Prozessen?

ZWEI BEWUSSTSEINSARTEN

Quantenbewusstsein	Ich- (Ego-)Bewusstsein
Traumbewusstsein	Wachbewusstsein
Vertikales Bewusstsein	Horizontales Bewusstsein

1. ICH- ODER EGO-BEWUSSTSEIN

das Ich-Bewusstsein besteht aus Intelligenz und Wollen. Ichfunktionen sind: Denken, Verstand und Vernunft als Ergebnisse.

Die wichtigsten Charakteristika und Aktionalitätsstufen des Ichbewusstseins sind:

1. Intentionalität oder Wille: eine absichtliche, auf einen bestimmten Zweck ausgerichtete Intention, einschließlich Wünschen, Sehnsüchten, Lüste.

2. Selbstbewusstsein, Selbstwahrnehmung
3. Reflexionsvermögen, Bewusstheit
4. Erfahrungen des transpersonalen Selbst, Erkenntnis oder Offenbarung
5. Entscheidungsfreiheit und Verantwortung
6. Weltinnewerden

Diese Aktualitätsstufen, die vom erlebnislosen Leben über die Ich-Bewusstheit bis hin zum Weltinnewerden reichen, sind nicht durch scharfe Grenzen voneinander getrennt, sondern entstehen in der Entwicklung eines Menschen durch allmähliche zeitliche Übergänge und sind miteinander verbunden.

Der Mensch reagiert mit dem *„Erwachen seines Ego"* (3. bis 4. Lebensjahr) primär auf mentale Programme oder konditionierende Vorgaben in einer bewusst festgelegten Hierarchie von Regeln und Gesetzen. Es ist die Bewusstseinsebene aller horizontal bezogenen Aktivitäten im Leben, wodurch der Mensch anfängt, ein getrenntes individuelles Ego zu entfalten, das auswählt und einen *„scheinbar freien Willen"* hat. Unsere linguistisch strukturierte, so genannte rationale und logische Denkweise ist nämlich ein Denksystem, das allein auf **sensorischen Wahrnehmungen** der Welt beruht. Und diese sensorischen Wahrnehmungen sind leider inkorrekt.

In den östlichen Lehren spricht man in diesem Zusammenhang vom *„langsamen Erwachen"* geistiger Fähigkeiten, **„Buddhi"**, was leider von der allein kognitiv ausgerichteten westlichen Psychologie gern ignoriert wird, weil es dabei um so genannte *„nichtlokale Übertragungen"*, von *„spirituell"* beeinflussenden Kräften geht. Beispiele einer solchen *„nichtlokalen (quantenbewussten) Synchronizität"* sind alle paranormalen Erfahrungen.

Nach den östlichen Auffassungen agiert das **„SELBST"** in zwei Modalitäten: 1. konditioniert als Ego in allen sekundären (horizontalen) Bewusstseinsbezogenheiten und 2. als „Quanten-Modalität", die mit (vertikalen) *„quantenbewussten Erfahrungen"* zusammenhängt, also mit primären impliziten Erfahrungen des *transpersonalen Selbst*.

Denn alles, was der Mensch rein äußerlich nur sinnenhaft wahrnimmt, sind Abbilder des Seins und nicht dessen innerstes Wesen, weil alle *sinnliche Wahrnehmung* eine abgeleitete, oberflächliche und begrenzte ist. Darum kann auch das *„Absolute"* selbst darüber nie begriffen, sondern lediglich eine gewisse Vorstellung davon vermittelt werden. Denn *„Phänomene erreichen uns maskiert im Gefüge von Zeit und Raum; sie stellen chiffrierte Botschaften dar,* *deren letzte Bedeutung wir nicht eher verstehen, als bis wir herausgefunden haben, wie wir sie aus ihrer Zeit-Raum-Umhüllung herausschälen müssen"*.[100] Weil aber der Mensch die Welt nur als äußeres Schema oder Abbild erfährt, erlangt er fast immer nur eine Ahnung von der wesenhaften innersten Wahrheit.[101] *„Im Ganzen sind wir Geschöpfe, die „Dinge sehen", und wir erfassen nur, was wir sehen, und sehen gewöhnlich nicht darüber hinaus. Es ist aber sehr wohl möglich, von der Welt eine andersartige Empfindung zu bekommen, wenn man eine andere* **Denk-Gewohnheit** *entwickeln würde: nämlich hinter der sichtbaren Wirklichkeit das Unsichtbare zu sehen - die Gewohnheit, die Oberfläche zu durchdringen, um durch die Dinge hindurch deren Ursprung zu erkennen"*,[102] **um endlich mit den Augen eines holographischen Quantenbewusstseins zu sehen.**

2. QUANTENBEWUSSTSEIN

2.1 ZUM BEGRIFF DES QUANTENBEWUSSTSEINS
2.2 WIRKUNGSFELD DES QUANTEN-BEWUSSTSEINS

---

100 Bailey, a.a.O.
101 Aurobindo, „Synthese des Yoga"
102 Opitz

2.1 Zum Begriff des Quantenbewusstseins

Der Begriff „Quanten" geht darauf zurück, dass Atome ihre **Strahlungsenergie** in bestimmten Energieportionen *(Quanten)* im Energieaustausch mit anderen Atomen senden oder empfangen, wobei die Energie der Quanten durch die Frequenz der betreffenden Strahlungsart *(Plancksches Wirkungsquantum)* bestimmt wird. Dieser physikalische Energieaustausch erfolgt nicht nur im manifesten Bereich, sondern ist auch die Grundbedingung für alle spirituellen Bewusstseinsprozesse. *Quantenbewusstsein oder Supramentales (Aurobindo), bzw. Integrales Bewusstsein (Gebser)* ist die über das mentale Egobewusstsein hinaus in eine höhere „*Oktave*" transponierte Bewusstwerdung eines *„spirituellen Instinktes"*. Dieser äußert sich über Strahlungen und zwar empfangend als **Intuition** und sendend als **Telepathie.** Und das wirkt sich in der heutigen Zeit als Höherpotenzierung des Bewusstseins aus und wird von den Menschen gegenwärtig als **Paradigmenwechsel** erfahren.

2.2 Wirkungsfeld des Quantenbewusstseins

Wenn man davon ausgeht, dass das gesamte Universum ein *„Energiefeld geistiger Wachheit"* ist, welches ein unendliches Kontinuum spiritueller Bewusstseinsdimensionen darstellt, bedingt das als vermittelnde Brücke zwischen spirituellen Eingaben und Manifestationen im Kosmos immer eine *nicht materielle Energie-Funktion*, die als **Bewusstsein** auf alle Gestaltungen in der Materie einwirkt. Diesen *ätherischen Energie- Zustand* im Kosmos definiert Bearden als *„skalare Felder"*[103], was quasi die *Urenergie* ist, die im Kosmos zur gestaltenden **Strahlenenergie wird und mit Bewusstsein umhüllt** ist. Innerhalb der Welt der Erscheinungen ist das die Ursache für deren Gestaltwerdung und zugleich auch die Wiederauflösung derselben über eine *Kernverstrahlung*.

Da in der Tat die Grenze zwischen Energie und Materie fließend ist, konnte die Wissenschaft diese zwar wirkenden **Energiestrahlungen** bisher nicht exakt messen und weder *„beweisen"* noch *„registrieren"*. Aber wir wissen, dass aus Energie Materie erschaffen wird, denn Materie ist aus Energiefrequenzen aufgebaut, wobei *Materieteilchen Verdichtungen von Schwingungsfeldern*

---

103 Bearden

sind. Bereits Faraday war davon überzeugt, dass Materie lediglich Feldverdichtungen[104] seien: *„Knoten im Feinstofflichen".* *„Nicht das Feld bedarf zu seiner Existenz der Materie als seines Trägers, sondern die Materie ist umgekehrt eine Ausgeburt des Feldes."*[105], wobei es sich um Frequenzübertragungen oder Resonanzen handelt. Daraus ergibt sich der Schluss, dass Psyche und Materie in einer und derselben Welt enthalten sind, überdies miteinander in ständiger Berührung stehen, beide auf transzendenten Faktoren beruhen und deshalb nur zwei verschiedene Aspekte einer und derselben Sache sind.

SUMMA

Jeder dieser *quantenmechanischen Prozesse* ist immer auf das Vorhandensein des **Äthers** im Kosmos als *„Aktivposten" (Funktion)* angewiesen, der allein die Kommunikation zwischen *Geist und Materie* erst ermöglicht. Es ist die **„Potenz oder Matrize"** aller gestaltenden Energiefelder im Kosmos und somit auch die Voraus-

---

104 Es sind feinstoffliche Energien, die nach ihrem Passieren in den Kosmos eine Frequenzumwandlung erfahren. Hyperschnelle feinstoffliche Energieschwingungen werden verlangsamt und verdichten sich mehr und mehr, um schließlich die Konsistenz grobstofflicher Gebilde anzunehmen. Daher ist es völlig unlogisch, von kleinsten Bausteinen in der kosmischen Materie zu sprechen. Es gibt nur Übergänge vom Feinstofflichen zum Grobstofflichen und umgekehrt. (aus „Biophotonen", Prigonine)
105 Michael Faraday glaubte bereits zu wissen, dass Materie lediglich Feldverdichtungen sind: Knoten im „Feinstofflichen".

setzung für eine Höherpotenzierung des Bewusstseins, was im besonderem für die Bewusstwerdung im zukünftigen **Quantenbewusstsein** gilt. Denn der *„quantenmechanische Energieaustausch"* gilt für die gesamte Entwicklung des menschlichen Bewusstseins, weil Gedanken hinter ihren *expliziten* Äußerungen immer auch eine *implizite* transzendente Überlagerung durch spirituelle Einstrahlungen haben, welche die *„Beleber des Bewusstseins"* sind und allein den **Level** (Wirkungsquantum) eines menschlichen Bewusstseins ausmachen.

Alle *Aktivitäten* des Geistes sind immer mit **„Nichtlokalität"** verbunden. Darüber erfolgt jenes permanente *„Oszillieren"* zwischen *Quantenbewusstsein und Ätherkörper.* Es handelt sich dabei immer um eine *„bewirkende Wellenfunktion"*, um darüber ein *„Quant"* im Gehirn zu *„strukturieren"*, wobei es sich selbst um eine transzendente Ordnung im Bewusstsein handelt. Man vermutet, dass *„virtuelle elektrische Impulse"* in einem quantenmechanischen Prozess im Gehirn über einen synaptischen Spalt von Zelle zu Zelle gelangen, um diesen Transmitter-Prozess zu bewirken. Dabei ist der *Ätherkörper die mediale Empfangsstelle für Energie-Strahlen und als Transmitter selbst integraler Bestandteil aller „Substanzformen" und die Basis für alle quantenmechanischen Bewusstseinsprozesse.* Durch dieses „Medium" ist auch jeder Mensch grundsätzlich mit jeder anderen Ausdrucksform des Lebens verbunden.

Denn das *„Quantenbewusstsein ist der Denker hinter den Gedanken"* – es ist der Geist oder das Selbst, das mit sich selbst interagiert und Ideen generiert, wobei dieses Selbst sich weder im Körper noch im Hirn befindet. Es ist gleichzeitig überall und nirgendwo und gehört nicht in den Bereich der Gedanken, sondern liegt in der *„Lücke"* zwischen unseren Gedanken – und das ist die *„**Unschärferelation**"*[106]. Nicht über unser Gehirn, sondern über den **„Ätherkörper"** funktioniert ein Quantenmechanismus wie ein **Laserstrahl** als nichtlokales Bewusstsein durch Überlagerungen von Kohärenzen, worüber ein Transferpotential ausgelöst wird, was sich in der formlosen **„Potentia"** im transzendentalen Bereich des Bewusstseins befindet, und vom physischen Gehirn dann registriert wird. Denn das physische Gehirn funktioniert wie ein Computer, der mit Programmen arbeitet, die aus reiner Zweckmäßigkeit den deterministischen Gesetzen der klassischen Physik folgen. Das Quantensystem arbeitet dagegen mit Programmen, die nur teilweise algorithmisch sind und wie ein Laser funktioniert, der sich dem nichtlokalen Bewusstsein öffnet.

Darum sollte die Wissenschaft endlich aufhören, den eigentlichen kreativen Prozess im Leben auf einfache

---

106 Opitz/Goswami

erlernte Programme (Behaviorismus) zu reduzieren, denn es ist allein der Geist, der auch im menschlichen Bewusstsein strahlende Eingebungen **„Quantensprünge"** hervorrufen kann. Denn alle echten *„Verwandlungen"* im Leben sind Anzeichen von **„schöpferischer Kreativität"**. Dabei muss man sich jedoch vergegenwärtigen, dass es unterschiedliche Arten von *„Kreativität"* gibt: eine äußere und eine innere. Die äußere bezieht sich auf reine Entdeckungen in der horizontalen Welt der Phänomene und versetzt den Menschen in die Lage, technische Probleme in einem neuen Zusammenhang zu sehen. Die innere Kreativität dagegen dient der **Transformation** der eigenen Lebenszusammenhänge selbst, indem diese auf die vertikale Bewusstseinsschiene projiziert werden. Das allein versetzt den Menschen über einen *„Quantensprung"* in die Lage, aus fest konditionierten Verhaltensmustern auszubrechen und ein *„Erwachen"* herauszubilden, das den Menschen in eine höhere Bewusstseinsdimension versetzt. Diese Transformation macht alles „neu", was neu werden muss in uns.

HORIZONTALE UND VERTIKALE

Diese beiden *„Orientierungsrichtungen im menschlichen Bewusstsein"*, das horizontal-linear prozesshafte Denken und das vertikal-spirituelle Begreifen unterliegen den ständigen bewusstseinsverändernden **Energieeinstrah-**

lungen, jenen kreativen Impulsen, die holographisch über das *„Quantenselbst aus den nichtlokalisierbaren Bereichen"* in den Menschen einströmen. Die Natur als biologisch-physiologische Basis ist dabei lediglich die Vorgabe des Vitalgrundes als Träger instinktiver Triebe[107], wobei im Entwicklungsprozess des Menschen die *Erziehung als Konditionierung und Prägung* durch die Umwelt mitbestimmend eingreift. Das wird zum gesetzlich vorgegebenen Regelwerk, an dem wir Menschen uns orientieren. Im Gegensatz dazu ist *schöpferische Kreativität* die Erschaffung immer von etwas Neuem, eine Art *„Eingebung"*, und erfolgt jeweils durch einen *„Quantensprung"*, den wir in der Natur **Mutation** nennen, in der Erziehung als *„Aha-Erlebnis"* immer wieder erstaunt feststellen und im Bewusstsein als Höherpotenzierung, **Transformation** oder Erleuchtung bezeichnen. Das Auslösen solcher immanenten schöpferischen Kräfte ermöglicht das Zusammentreffen der *„natürlichen Trägerbasis"* mit der spirituellen *„Quanten-Modalität"*, wobei zwar das Ego *„scheinbar agiert"*, in Wirklichkeit aber nur unter der Führung des Selbst *„reagiert"*, was allerdings dem Ego fast nie bewusst ist.

---

107 Philipp Lersch, „Aufbau der Person" (im Schichtenmodell von Lersch – die Triebkräfte. Oder der Vitalgrund.)

Ziel im Leben eines **ICH** muss es daher sein, sich mit dem **„Selbst"** zu vereinen, um darüber zum erweiterten Bewusstsein, dem supramentalen Bewusstsein zu *„erwachen"*, weil es dabei um das *„Aufschließen neuer Bewusstseinsräume"* durch eine Höherpotenzierung des Bewusstseins geht. Nur die Verschmelzung von Ich und Selbst zu einer Einheit ermöglicht es, die Verbindung mit dem spirituellen Zentrum wieder zu finden. Über diesen Zusammenschluss von *Horizontal- und Vertikalbewusstsein im supramentalen Quantenbewusstsein* werden dann beide Bewusstseinsbereiche nicht mehr getrennt erlebt, sondern es werden alle Bewusstseinseingaben holographisch auf das **„Selbst"** hin transparent erfahren.[108] Denn im Quantenbewusstsein gibt es genau wie im Traum weder Prozess noch Zeit als Träger für Handeln und Gestalten, sondern nur die **Phantasie**, die in spontaner Gestaltung pur ins Erscheinen eines immanenten *„nichtlokalen Zustandes"* tritt. Dieser kann sich zwar auch ständig ändern und verwandeln, aber nicht als Folge von Vorstellungen, sondern in einer Art *„spontaner Schöpfung"*, die sich als Gedanken in Bildern zeitlos verwirklicht.[109]

---

108 Aus: „Der Photonenring: Nachricht vom Sirius" (Virginia Essene & Sheldon Nidle), S.93
109 Opitz, „Unbegrenzte Lebenskraft durch Tachyonen", S. 42ff.

Zwar kann sich unsere höchste Intelligenz bis zu Abstraktionen mathematischer Formeln versteigen, sie bleibt aber letztendlich immer im Phänomenalen irdischer Gesetze stecken. Das **„Quantenbewusstsein"** sieht darum Form und Wirken nicht mehr als alleinige Schlussfolgerung intellektueller horizontaler Überlegungen an, sondern unmittelbar als das primäre *„Wesen eines Wahrgenommenen".* Und das ist ein *holographisches Offenbarwerden als Erkenntnisform* im Gegensatz zur mentalen Intelligenz als logischer Schlussfolgerung. Es ist nämlich die Vereinigung wesenhafter Ideen mit dem konditionierten mentalen Denken im supramentalen Bewusstsein.

TRAUMWELT UND WACHBEWUSSTSEIN

Gegenwärtig ist dieses *„holographische Erleben"* den Menschen nur im Schlaf möglich, weil man sich in *„höheren Bewusstseinsdimensionen"* aufhält. Denn allein im Schlaf erfolgt eine verstärkte **Ankoppelung des Ich an höherdimensionierte Strukturen**, wobei sich der *„feinstoffliche Körper"* (Ätherkörper/Bewusstseins- oder Traumkörper) über Strahlungen vom niederdimensionalen grobstofflichen Leib *„abhebt"*, um die schier unerschöpfliche Fülle vorhandener feinstofflicher Energien aufzuladen. Nur im Schlaf gibt diese *„erlebte Verbindung"* dem wachbewussten Ich die Kraft und Energie, um die umgewandelte *Vertikalenergie als Horizontalenergie* im realen Leben aufrechterhalten zu können. Im Gegensatz dazu wirkt im Tagesbewusstsein oft der allein vom Ego her konditionierte Intellekt als **Sperrfilter** für den Empfang solcher schöpferischen Ideen, die während des Schlafs den Menschen frei zur Verfügung stehen. Keine noch so kostbare Medizin kann diesen *„Aufladungsprozess mit feinstofflicher Lebensenergie"* ersetzen, denn das ist allein das Lebenselixier schlechthin! Man kann den Schlaf darum als einen induzierten *parabioenergetischen Aufladungs- und Regenerationsprozess* zur Stützung unserer bewussten *„biologischen Existenz"* bezeichnen, weil es sich nur im Schlaf um den Empfang der permanenten Ausschüttung der **Urenergie** handelt.

„Im Traum seid ihr in der Urform dieser Energie, die keines äußeren dreidimensionalen Raumes und der Zeit mehr bedarf. Erst eure „Inkarnation" brachte die Notwendigkeit dieser Größen von „Zeit und Raum" hervor. Darum kann man in den anderen Bewusstseins-Dimensionen auch nicht mehr von Raum und Zeit sprechen. Es handelt sich dort um Bewusstseinszustände als Dauer von Ewigkeit, was permanente Gegenwart ist."[110]

---

110 Smigelski, „Energie Substanz Bewusstsein" (Begrifflichkeiten)

Ziel in der Zukunft ist es, um diese **Urenergie** voll bewusst zu erleben, diese Traumbewusstseinsmöglichkeiten in das Wachbewusstsein zu „bringen", was in der Meditation schon gegenwärtig annähernd möglich erscheint. Denn nur im Schlaf werden gewisse paranormale Fähigkeiten gefördert, von denen einige im Wachzustand nur sehr selten auftreten. Denn erst wenn dieses bisher *„Unbewusste"* mit Hilfe *„feinstofflicher Strahlungen"* über den Ätherkörper höherdimensionale Ebenen erreicht hat, können paranormale Wahrnehmungskanäle angezapft werden. So werden im Traum mittels psychischer Energien bewusst nicht vorstellbare **„Tachyonenfelder"** erzeugt, die im Sinne einer erweiterten Physik durchaus Realitätsanspruch haben. In solchen Feldern herrscht **„Nullzeit"**! Allerdings ist das gegenwärtig nur Vereinzelten möglich, was in ferner Zukunft aber allen Menschen möglich sein wird. Gegenwärtig wäre es gut, die Traumwelt zumindest als eine reale zu begreifen, was im Übrigen gleichbedeutend mit dem *„Zustand"* nach dem Tod im Jenseits ist.

Denn es gibt nicht *zwei* Welten: *Traumwelt* als Jenseits und *Wachwelt* als Diesseits! Es ist alles nur *eine* Welt mit allerdings *zwei sehr verschiedenen Bewusstseinszuständen*. Ansätze für diese Auffassung sind gegeben, aber noch fühlt sich die Naturwissenschaft von einer solchen Hypothese abgestoßen.

Dieses fatale Vorurteil muss überwunden werden. Als Vorbereitung darauf sollte die Wissenschaft sich von den alten Fesseln ihrer bisherigen Vorstellungen befreien und als Hypothese vorerst die Vielzahl (Hierarchie im Universum) von Bewusstseinsdimensionen[111] anerkennen. Leider haben die Menschen noch große Schwierigkeiten, sich über ihre begrenzte dreidimensionale Vorstellungswelt hinaus zu begeben.

MEDITATION UND TRANSFORMATION

Zu den Methoden, jene *„schöpferische Kreativität"* zu wecken, gehört vornehmlich auch die **Meditation**. Sie ist der praktische Versuch, eine *Selbstidentität jenseits des Egos* zu finden. Es ist zwar ein Paradoxon, das Ego selbst einzusetzen, um über das Ego hinauszukommen, aber unser Ego ist nicht das Selbst, sondern nur eine vom *Menschen eingesetzte temporäre Identität des Selbst*. Daher ist es durchaus berechtigt, wenn wir in der Meditation versuchen, unser Sein mehr zur **„Quanten-Modalität"**[112] hin zu gewichten. Allerdings werden wir dabei erkennen müssen, dass wir Quantensprünge nicht

---

111 David Bohm, Mehrdimensionales System
112 Quanten-Modalität ist die primäre Seinsweise des Selbst als ein über das Ego hinausreichendes Subjekt, dem wirkliche Freiheit, Kreativität und Nichtlokalität innewohnt.

durch konditionierte Manöver oder methodische Prakti-ken erzwingen können. Immerhin sind diese Methoden erste löbliche Versuche, einen schmalen Zwischenraum zwischen unserer *Ego-Identifikation* und der *Quanten-Modalität* entstehen zu lassen, jenes *„Dazwischen"* der *„Unschärferelation"* zu schaffen. Es geht um eine Ver-schiebung weg von unserer persönlichen Ego-Ebene, um jener **Transformation** zu verhelfen, die wir als Be-freiung und Höherpotenzierung unseres Bewusstseins erleben.[113]

Da jedoch die meisten Menschen wegen ihrer starken Verhaftungen in *„sekundären Horizontalprozessen"* gefangen sind, fällt es ihnen sehr schwer, sich bewusst in den Zustand des **„Quantenselbst"** zu begeben und vor allem sich in diesem Zustand zu halten, wobei die Meditation diese Verzugszeit anscheinend verringert. *„Verzugszeit ist offenkundlich die Zeitverzögerung, die mit der sekundären Selbstbeobachtung auftritt, die alle unsere Ego-Erfahrungen von Bewusstsein kontinu-ierlich erscheinen lässt. Denn erst mit dem Kollaps der* **Quanten-Wellenfunktion** *teilt sich das normalen Be-wusstsein in Subjekt und Objekt und lässt uns die Dis-kontinuität von Raum und Zeit erkennen. Und das ist das Erkennen von Maya: alles ist Illusion."*[114]

---

113 Goswami a.a.O.
114 Goswami, „Das bewusste Universum" (S.245)

Es ist darum wichtig, sich von der **Konditionierung des Egos**, unserer angenommenen Persönlichkeit allein nicht mehr beherrschen zu lassen. *„Das erstrebte Ziel der Meditation besteht darin, den Menschen zu befähigen, in seiner äußeren Manifestation das zu werden, was er in innerer Wirklichkeit ist, und ihn zu veranlassen, sich mit seinem „inneren Aspekt" und nicht bloß mit seinen äußeren, niederen Charakter-Eigentümlichkeiten zu identifizieren."*[115] Meditationen sind insofern auch ein Vorgang der *„Entschleierung des Selbst"* durch Reduzierung der Formseite des Lebens, deren verschiedene *„Hüllen"* das Selbst nur verdecken und verbergen. Positiv gesehen kann dieser Vorgang sowohl als **Transmutation** (Umwandlung) wie auch als **Transferierung** (Übertragung) des Bewusstseins bezeichnet werden. *Dabei wird schließlich ein Zustand erreicht, in dem der denkende Geist sich selbst das gedankliche „Umherschweifen"*[116] *abzugewöhnen scheint. Denn die größten Anfechtungen entstehen durch Hirngespinste; denn diese hängen nicht von unserem freien Willen ab, sondern tauchen unwillkürlich in unserem Bewusstsein als Vorstellungen, Wünsche oder Erinnerungen auf.*

---

115 Bailey , a.a.O.
116 *„Das immerwährende Herzensgebet"* nach Theophanos dem Eremiten: *„Anfechtungen durch Hirngespinste"*… *„von der Stufenleiter der Versuchung"*…

Über Meditationen hat zwar der Mensch auch heute schon die Möglichkeit, die Chakren auf dem Ätherkörper zu aktivieren, d.h. zur *„Rotation"* zu bringen, um sie darüber effektiver für Einstrahlungen einer Bewusstseinserweiterung anzuregen. Vorerst sind allerdings die bisherigen Angebote und Methoden, um diese *„Versiegelung der Chakren"* zu lösen, eher rein theoretisch und lassen sich praktisch nur schwer umsetzen. Werden über Meditationen Transferierungen über höhere Strahleneinflüsse erreicht oder werden neue holographische Empfangsmöglichkeiten entwickelt? Sind diese selbst messbar oder nur deren Wirkungen? Wie funktioniert die Dekodierung aller holographischen Einstrahlungen?

Es werden dabei diese komplexen multidimensionalen Einstrahlungen zwar nicht mehr vom Ätherkörper auf eine dafür vorgesehene Impuls-Frequenz passend gefiltert, sondern sie werden lediglich von *„speziellen Resonanzmöglichkeiten"* erfasst. Es erfolgen somit nicht holographisch spezielle Einstrahlungen, sondern allein **höhere Einstrahlungen (Exciplexe)** als bisher, die allerdings ein neues holographisches Empfangen und Verstehen bedingen. Denn es handelt sich um eine völlig neue Art der *„Bewusstseins-Einstrahlung"*, die lediglich eine Art Öffnung für den neuen Strahlungsempfang benötigt und ermöglicht, was zugleich auch eine Verwandlung aller Basisbedingungen (DNS) zur Folge hat.

Fest steht, dass solche *Einstrahlungen* erst ab einem bestimmten Bewusstseinslevel empfangen werden können, wobei allerdings ohnehin jede Dekodierung immer nachträglich erfolgt und vorerst noch zu sehr durch die vorherrschende Mentalkonditionierung beeinflusst wird. Um eine holographische Erkenntnis quasi synchron zu empfangen, bedarf es einer großen Bereitschaft und eines beachtlichen Mutes zu einem unbekannten Risiko, was immer zugleich als ein Verlust von *Ich-Kompetenzen* empfunden wird. Aber allein das ist die wirkliche Teilnahme am Leben; es ist die vertrauensvolle **Einlassung** auf eine unbekannte Kraft-Einstrahlung, die sich erst danach – über die Auflösung eines Paradoxons – als Erkenntnis entpuppt und sich als **Teilhabe am Leben** erkennen lässt.

Nur die *Teilhabe als Bewusstwerdung* lässt in Zukunft diese kosmischen Strahleneinflüsse auf Erden wirksam werden und den Ursprung des Quantenbewusstsein zeitigen, weil allein darüber der holographische Einfluss der „*Geistigen Hierarchie*" offenbar und den bisherigen Rahmen des Sonnensystems und des darin enthaltenen Bewusstseins der Menschen erweitern wird: **denn mit**

dem Quantenbewusstsein tritt der Mensch in eine höhere Bewusstseinsdimension. Und das hat zur Folge, dass darüber die Regeln für die Kommunikation neu erstellt werden, indem dann auch andere Sonnensysteme mit einbezogen werden, deren gesamtes Integral dann die Galaxie sein wird. Denn der Kosmos enthält neben seiner tiefsten Materialisierung auch die nächst höhere Bewusstseinsdimension als *Ätherkörperumhüllung* aller Galaxien, über die eine ständige Kommunikation einerseits mit der Materie und andererseits mit den *Bewusstseinseinflüssen* erfolgt. Jetzt ist der Zeitpunkt gekommen, diese Kommunikationen im Sonnensystem über den Menschen bewusst zu machen, weil nur darüber Höherpotenzierung und Umwandlung aller Manifestationen in die Ursprünge der Ideen erfolgen. So wie jetzt schon das *Jenseits* transparent beschaffen ist, so ist es auch mit den **Strahleneinflüssen** im Kosmos, der quasi über den Äther die *Eingangstür* für höhere Dimensionen darstellt, was nur über das Bewusstsein gehen kann.

Dazu hat bereits 1975 Fritz A. Popp[117] bewiesen, dass die alles bestimmende kortikale, übergeordnete Steuerungsfunktion des Menschen nicht allein auf hormonbiologischer oder chemischer Ebene zu finden sei, son-

---

117 Popp, Fritz-Albert a.a.O.

dern dass das *„Licht unseren genetischen Code steuert und triggert"*[118]. Denn dieses **ätherische Laserlicht** besitzt einen hohen Ordnungsgrad (Kohärenz) und ist deshalb in der Lage, selbst ordnungsbildend zu wirken und Informationen zu übertragen. Dabei ist der wichtigste Schlüssel zum biophysikalischen Verständnis des Lebens die **Kohärenz im Zusammenhang von Energiefluss und spiritueller Ordnung.**

Vor allem sollte diese **„schöpferische Bewusstseinstransformation"** vom Menschen niemals im Hinblick auf sinnliche, horizontale oder materielle Befriedigung angestrebt werden, sondern allein der Befreiung und Läuterung im Sinne einer höheren Einswerdung mit dem Geist dienen; denn es handelt sich immer um eine *vertikale Strebung der Einswerdung mit Gott.* Diese Einswerdung muss als **„läuternde Vollendung"** verstanden werden. Denn das Ziel ist jener Zwischenschritt zum Allbewusstsein, über das ein größerer Wirkungsbereich erreicht wird, der auf der Entwicklungsskala des Bewusstseins einen jeweils höheren Level darstellt; und das bedeutet: *Das Denkvermögen muss sich selbst über das **Bewusstwerden** zur Erkenntnis überschreiten.* Allein erst in der Bewusstwerdung der Zusammenhänge des eigenen Ganzen öffnet das den **holographischen**

118

Bewusstseinsbereich, der es dann ermöglicht, das begrenzte Bewusstsein im Kosmos bis hin zur Unendlichkeit höherer Dimensionen zu erweitern.

SUMMA

Ein Indiz für den strahlenmäßigen Vibrations-Zustand einer echten Meditation ist die Dominanz von Alpha-Wellen. **Alphawellen** erzeugen einen Zustand der Entspannung, der körperliche und geistige Verkrampfungen löst. Ferner ist erwiesen, dass die Hypophyse in der Meditation Kohlenstoffelemente in Silizium – allerdings in minimalen Dosen – verwandelt, was für die Bewusstseinserweiterung als Grundstoff für die nächste Population sehr wichtig ist: denn im nächsten Äon wird Silizium wieder der Grundstoff sein. Silizium heute rein natürlich (z. B. oral) dem Körper zuzuführen, ist zwar möglich, aber nicht effektiv im Sinne einer „Höherpotenzierung" des Bewusstseins.[119]" Als weiterer Aspekt einer echten Meditation ist das Erscheinen von Thetawellen auffällig. **Thetawellen** sind ein Indikator für die Verschiebung des Bewusstseins hin zu den primären Prozessen des Quantenmodus. So haben z.B.

---

119 Es muss vielmehr als Produkt der Umwandlung in einer Art Stoffwechsel in den Körper eindringen, um dort zu wirken. Noch besitzt der Mensch zu viele Kohlenstoffelemente, die aber bald zu Silizium kristallisieren werden, um euch die telepathischen Empfangsmöglichkeiten zu öffnen.

Kinder einen erhöhten Anteil an Thetawellen, die sich beim Älterwerden zu Gunsten einer Alpha-Dominanz im normalen Wachzustand zurückentwickeln. Beim Kind dominiert daher noch häufiger die **Quantenmodalität**, weil kaum Prozesse *sekundärer Bewusstheit* ablaufen.

Das Problem dabei ist, dass unser **begrenztes mentales Denken** den Sinn dieser paradoxen Anforderung nicht zu begreifen vermag. Weil der universale Willensimpuls dem Gesetz der Synthese untersteht, dem universalen Gesetz, das die Tendenz nach Vereinigung bestimmt. Nur geht es in diesem Fall nicht um die Vereinigung von Materie und Geist, **sondern die Verschmelzung von menschlichem Bewusstsein mit dem Geist selbst**: Es handelt sich um ein geistiges Verhältnis, das auf Abstraktion oder auf Synthese der geistigen Elemente hinarbeitet und ist das Ziel eines größeren Zyklus: es ist die Vereinigung des **Denkvermögens und des Geistes**, wobei der Geist als **Allbewusstsein** in allen Schöpfungen bereits vorhanden ist, um das Leben zu erwecken und zu ermöglichen.

Solange diese **Umwandlung** nicht erfolgt ist, werden die kosmischen Prozesse in ihrer Endgültigkeit innerhalb des universalen Zusammenhangs noch immer nicht richtig verstanden werden können. Das wird aber in Zukunft über das neue *quantenfunktionale Bewusstsein* erfolgen, das wieder einen intensiven intuitiv-telepathischen Empfang ermöglichen wird. Denn diese gefilterte Strahlung ist auf Erden die *conditio sine qua non*, um z.B. im Menschen einerseits gestaltend und andererseits auch wieder auflösend zu wirken. Denn bei der Bewusstseinsentwicklung des Menschen geht es nicht mehr wie im Schöpfungsakt um den „*Willensstrahl*" an sich (um das zu Erschaffende), sondern um die permanente **„Höherpotenzierung" und Vervollkommnung des Menschen als Aufstieg ins spirituelle Zentrum der gesamten Schöpfung**.

ZWEI ENERGIESTRAHLUNGSFELDER

An dieser kontinuierlichen kosmischen Umwandlung von Physis und Bewusstsein ist auch der Mensch bewusst *„beteiligt"*, während die Natur sich noch im Gesetz der Zielrichtung auf ein Geschöpf hinbewegt, das diese **Umwandlung** als liebevolle Anteilnahme für die gesamte Natur übernimmt. Dieses Geschöpf ist selbst noch ein Teil der Natur: Und das ist der **MENSCH**, der über eine permanente Höherentwicklung seines Bewusstseins diese Aufgabe übernimmt, und zwar über seinen *freiwilligen bewussten Zuspruch*, denn nur darin besteht seine Teilhabe an der Schöpfung selbst. Die Natur nimmt an diesem Prozess nur teil, über den Menschen wird aus der bloßen *Teilnahme* über strahlende Umwandlung des Bewusstseins die *Teilhabe* am ewigen Leben der gesamten Schöpfung. Geist und Materie gerieten in einen gegenseitigen Kraftaustausch, und so begann sich das Universum zu bilden, ein Prozess, der schließlich im **Kosmos** auf Erden zum für die Menschheit real-wahrnehmbaren **Teilnehmen** am Sein führt.[120]

---

120 Hildegard von Bingen: Der Mensch in der Verantwortung

Allerdings erfahren die „teilnehmenden Energien" des Bewusstseins im Kosmos eine gefilterte Strahlung, um auf Erden im Menschen nicht „zerstörerisch zu wirken", sondern sich zur schöpferischen Teilnahme zu verwandeln, um an der Höherpotenzierung des Bewusstseins mitzuwirken. Das aber erfolgt allein über die empfangende Bereitschaft der Liebe und nicht mehr wie in der Urmonade der Trinität um einen positiv-aktiven schöpferischen Akt, sondern um einen negativ-empfangenden Vorgang, an der ein Mensch *mitbeteiligt* ist. Die Bewusstseinsvorgänge werden dabei quasi als empfangsbezogene über die Liebe in Bereitschaft geschaltet, so nach dem Motto: Dein Wille geschehe. Denn der gesamte Rückweg wieder zum Zentrum ist als Auflösung aller Hüllen (Verhaftungen) ein permanenter **Öffnungsvorgang**, in dem alles wieder abgegeben wird, um die Höherpotenzierung über das loslassende Opfer aller anhaftenden Hüllen zu erreichen.

Denn der Mensch ist der Repräsentant für das Bewusstsein im Kosmos. *Dieses Energiefeld* des **Erkennens oder Wissens** ist so beschaffen, dass es auf jede **Höherpotenzierung** mit seinen eigenen Schwingungen „intelligent" reagiert und ist somit das Kontinuum der **„Evolution des Bewusstseins"**, wohinter sich ein Plan oder ein organisiertes Konzept verbirgt, das sich in materiellen Formen darstellt und auswirkt. Das ist die

Fortsetzung einer Entwicklung, die von der einst bloßen Körperlichkeit des Menschen über sein sich entfaltendes Bewusstsein bis hin zur reinen Spiritualität höherer Dimensionen erfolgt. Aufgabe der Menschheit ist es, dadurch auch wieder selbst eine *„Transparenz ihrer Körperlichkeit"* zu erreichen und dem **Primat des Bewusstseins** wieder zum **„spirituellen Aufstieg"** zu verhelfen; denn allein das Bewusstsein ist unsterblich, während die Körperlichkeit des Menschen als bloßer Träger des Bewusstseins für sich genommen eine *„Illusion"* und sehr vergänglich ist.

Der Mensch steht im **Teilnehmen** am Leben somit in der **Verantwortung an der Teilhabe** des gesamten Schöpfungsprozesses. Der Mensch ist mitverantwortlich[121], über sein Bewusstsein (*Geist*), auch die *„äußerste Peripherie"*, den **Kosmos** im Universum in der gemeinsamen Umwandlung mit *„zu erlösen"*. Und das erfolgt allein *im Wiederaufstieg über das Bewusstsein der Menschen*. Für diesen Wiederaufstieg sind die **Bewusstwerdung** und die daraus folgende **Erkenntnis** in diesen Evolutionsprozessen entscheidend; denn im Bewusstsein der Menschen ist die **Erkenntnis** das Ziel am Ende des **Abstieges**, wo hingegen im **Wiederaufstieg** die Erkenntnis als Bewusstwerdung am Anfang steht.

---

121 Hildegard von Bingen, „Der Mensch in der Verantwortung"

Im Wiederaufstieg handelt es sich ab jetzt um die bewusste Umsetzung der Erkenntnis über eine **Höherpotenzierung ins Quantenbewusstsein**. Denn der *Wille-Zum-Sein* ist identisch mit der alles durchdringenden spirituellen Urenergie. Allein diese vom Zentrum ausstrahlenden Energien bringen den *Willen oder Lebensdrang*[122] mit der in Schwingung befindlichen „Substanz des Weltalls" und dem „*Allbewusstsein*" zur Gestaltung. Dabei unterliegen die Einstrahlungen immer dem Gesetz der **Teilhabe am göttlichen Prinzip**. Diese Energieeinstrahlungen beim Vordringen in tiefere Ordnungen „*fächern*" sich dabei immer mehr auf, um an der Schöpfung selbst intensiver an der **Teilnahme** mitwirken zu können, werden aber dafür in ihrer Strahlkraft an der **Teilhabe** allmählich immer schwächer und dunkler.

---

122 Alice Bailey: „Dies ist das Vorstadium, aus dem die Schöpfung von Formen hervorgeht; der Gotteswille, der seinen Kraftstrom in dem Ozean des Raumes und des Raumäthers (der Materie) spielen ließ, schuf als erste Differenzierung die drei Hauptstrahlen, aus denen sich die gesamte Hierarchie heraus entwickelte. Aus dem zentralen Kraftwirbel geboren, mit Leben und Qualität begabt, setzen sich alle Gestalten aus ungezählten Myriaden von Energieeinheiten zusammen, denen allen die Aspekte des Lebens eingepflanzt und eingeboren sind, die mit Qualität ausgestattet und imstande sind, nach außen in Erscheinung zu treten."

SUMMA

Denn im Kosmos strahlt alles Erschaffene, weil Energie immer zugleich auch Leben bedeutet. Nur so ist die Energie einerseits an der Erschaffung von Gestalten beteiligt und andererseits vor allem als lebenserhaltende Strahlung, wobei diese **„Energielebendigkeit"** – quasi der **„Ätherkörper"** der Energie in allem Erschaffenen ist.

Denn im Universum ist auch der **„schöpferische Urstrahl"** als erste Emanation aus dem Zentrum mit einer *Geisthülle* umkleidet, die beide beim Ausströmen zwar noch eine Einheit hinsichtlich der Erschaffung der Schöpfung bilden, sich aber zugleich in Gestaltung und Bewusstsein aufteilt. Dabei ist diese *„Umhüllung"* quasi der **„Bewusstseinskörper des Lichts in allen Gestaltungen"**. Dieser erste große *„Krafterguss"* der Urenergie durchtränkt die Schöpfung mit Lebenskräften und lässt jede Substanz im Wirkungsbereich ihres Bezug-Systems in verschiedenen *Schwingungsfrequenzen* vibrieren, wobei alles mit dem All-Bewusstsein durchtränkt wird.

Diese *schöpferische Basisfunktion alles Erschaffenen* erfolgt im Kosmos synchron und ist nicht mehr als ein partielles zeitliches Nacheinander zu verstehen. Allein unser Denken im kosmischen Bewusstsein ist sprachgebunden und damit wie unsere Sprache **zeitgebunden**. Es erfasst Gedanken summarisch additiv, so wie ein Scanner das Bild als Pixelfolge erfasst. Der Gedanke selbst ist im prozesshaften Nacheinander unserer Wortkonstruktionen selten oder nie unvermischt gegenwärtig. Auch das wird sich im zukünftigen Quantenbewusstsein grundlegend ändern, wenn dieses Bewusstsein *„bereits außerhalb der Zeit"*, quasi in einer gleichsam **„zeit-entrückten Gegenwart"** funktioniert, weil holographisches Senden und -Empfangen nicht **prozessgebunden** sind.

Darum erfolgt holographisches Senden und -Empfangen auf Erden niemals in *„Nullzeit"*, weil in unserer kosmischen Bewusstseinsdimension noch immer die **zeitlich-räumlichen Parameter als Grundvoraussetzungen die entscheidende Rolle** spielen. Richtig ist, dass diese Parameter im nächsten Äon völlig neue Funktionen und andere Bedeutungen erlangen werden, und das erfolgt in der Tat über die Kohärenz von Wach- und Traumbewusstsein. Denn im Traum herrscht in der Tat **Nullpunktzeit**, die auch in den neuen Wahrnehmungsmöglichkeiten wie Telepathie oder holographisches Erfassen die führende Rolle übernehmen werden. Erleben in Nullpunktzeit geschieht gegenwärtig zuweilen bei visionären Einstrahlungen – quasi nur punktuell – weil jeder Strahlenempfang noch immer unter den Raumzeitbedingungen im Kosmos durch mental konditioniertes Denken überformt und dekodiert werden muss.

Das aber wird sich in Zukunft auf immer größere *„Zeitphasen"* verschieben, und zwar wie im Traumbewusstsein. Und das wäre dann der permanente *Anpassungsprozess* an den bereits erreichten neuen Bewusstseinslevel im Quantenbewusstsein. Dieser ist aber nur über die ständige Höherpotenzierung zum holographischen Erfassen gewährleistet. **Das gilt für den ganzen nächsten Äon als vorrangigste Aufgabe**. Über diesen Umgestaltungsprozess wird auch die gesamte *„kosmische Materie"* ihren eigenen Schwingungsrhythmus neu justieren. In jüngster Zeit entdeckte die Astrophysik zu dieser *„Thematik"* als einen möglichen weiteren Erklärungsansatz für die dafür zuständigen Energieeinstrahlungen das kosmische Phänomen so genannter *„Braunen Zwerge"*.

AUSBLICKE

BRAUNE ZWERGE / STRAHLENDE RAUMENERGIEFELDER

Zum Themenkomplex der *„strahlenden Raumenergie-Felder"* bietet Wikipedia Folgendes an: *„Braune Zwerge weisen eine Sternen vergleichbare Elementen-Zusammensetzung auf. In Akkretionsscheiben entstandene Braune Zwerge könnten einen Gesteinskern besitzen, wobei für diesen Entstehungsweg aber bisher keine Belege existieren."* [123]

Es handelt sich dabei gar nicht um *„sternenähnliche Gebilde"*, sondern um Konzentrationen von Energien aus dem Zentrum, die „quasi" den kosmischen Gestaltbedingungen angeglichen sind. **Braune Zwerge** leisten eine Art **Energietransfer** und verteilen Energien, ähnlich wie dies beim Menschen über dessen Chakren geschieht. Und das bedeutet, dass diese Energien nicht bereits in materielle, wahrnehmbare Sichtbarlichkeit

---

123 Als Braune Zwerge werden in der Astronomie alle Objekte eingestuft, die unterhalb der Massengrenze für die Wasserstoff-Fusion und oberhalb der Massengrenze für die Deuterium-Fusion liegen. Ein Brauner Zwerg ist ein Himmelskörper, der mit einer Masse zwischen dem 13-fachen und 75-fachen der Jupitermasse eine Sonderstellung zwischen Planeten und Sternen einnimmt. (Wikipedia)

umgesetzte und eingefärbte Energien sind, sondern wirkende **„Raumenergie-Felder"** für alle Gestaltungen im Kosmos. Es sind sehr hohe Frequenzen, die sich mit dem Äther in Verbindung bringen und zwar nicht sichtbar, aber durchaus hinsichtlich ihrer Wirkungen wahrnehmbar sind: **eine Bewirkung ohne Sichtbarlichkeit**. Und das gilt genau wie auch für die unterschiedlichen Bewusstseinsdimensionen im Universum. Denn auch diese sind gegenwärtig für die Menschheit der Erde nicht wahrnehmbar, aber dennoch fließt der Erde alles Leben daraus zu.

„Braune Zwerge" sind enorme Energiespeicher im Kosmos und „füttern" quasi alle Sternensysteme nicht nur mit Energien, sondern ermöglichen auch allen Sonnen die Aufnahme von Strahlen aus **übergeordneten Bewusstseinsbereichen**, die von einem „spirituellen System"(*Hierarchie*) gesteuert werden, um die entscheidenden Entwicklungen im Kosmos in Bewegung zu halten und z. B. auf Erden auch anstehende Umwälzungen hervorzubringen, die das Neue Äon einleiten. In der materiellen Dimension im Kosmos sind die *„Braunen Zwerge"* das, was im Menschen sein *Bewusstsein* ist. Allein darüber werden ständige Verwandlungen hervorgerufen, die man auf Erden zwar *bemerkt*, da sie aber für die Menschen quasi Neuentdeckungen sind, weiß man noch nichts über deren wirkliche Funktionen.

Es handelt sich um **Kraftfelder als Energieverteiler** für alle wahrnehmbaren Gestaltungen im Kosmos. Die Verteilung dieser Energien über die einzelnen Sonnensysteme funktioniert dann ähnlich wie der Energieaustausch über die Chakren beim Menschen, und zwar allein durch die Beschaffenheit der einzelnen Sonnensysteme, die darüber hinaus noch mit allen Sonnensystemen verbunden sind. Und das bedeutet, dass eine Synchronizität immer notwendig ist, die so wieder den jeweiligen **Reifepunkt (Bifurkationspunkt)** für eine notwendige Umwälzung bestimmt. Man kann darum zu Recht fragen: „Warum gerade jetzt diese plötzliche Entdeckung?" – Weil die Zeit jetzt dafür reif ist, um zu erfahren, wer solche Umwälzungen initiiert und über wen die Entwicklung gesteuert wird. Bisher war es für den Menschen „Gott" als Sammelbegriff; jetzt wird offenbar, dass Gott zwar alles ist, aber in seiner Schöpfung ein hierarchisches System darstellt, in dem alle Teile aufeinander bezogen sind. Die *„Braunen Zwerge"* waren bisher zumindest nicht sichtbar als *„Entwicklungshelfer"* im Einsatz. Da aber ab jetzt auch diese Bereiche für die *Neue Menschheit* transparenter werden, müssen für eine vollkommene Bewusstwerdung die *Braunen Zwerge* als notwendige Hilfe mit einbezogen werden.

Dieses hier angesprochene riesige **„Raumenergie-Feld"** (*„braune Zwerge"*) als Energie-Vermittler wird jedoch mit keinem Gestirn im Kosmos in Kollision gehen, sondern die Sonnensysteme „durchfluten", um dadurch eine **Neujustierung** zu erschaffen. Allerdings wird dieses Ereignis in unserem Sonnensystem von wesentlich umwälzender Wirkung sein als alle bisher bekannten durch Kollisionen verursachten Katastrophen. Die bisherigen Erdkatastrophen verliefen zwar auch immer vereint mit **Strahlenveränderungen**, betrafen aber primär die materielle Substanz der kosmischen Gebilde, was für die zu erwartende Veränderung allein nicht mehr der Fall sein wird.

Denn über die gegenwärtig zu erwartende *„Einstrahlung durch ein solches Raumenergiefeld („Brauner Zwerg")* beginnt in unserem gesamten Sonnensystem – und das ist entscheidend – vor allem auf Erden **eine völlig neue Bewusstseinsorientierung**, die nur durch eine *kosmische Elementar-Umgestaltung* erreicht werden kann. Das Ziel dieses *kosmischen Zyklus* ist es, die Verschmelzung der beiden Feuer: *„Feuer der Materie"* und *„Feuer des Geistes"* zu vollziehen. Dabei ist im Sonnensystem die **Erde** die *Geburtsstätte des Geistes* als *„Befreier von der Mutter"* (Materie) und somit die Eingangspforte zu höheren Bereichen des *All-Bewusstseins* (Geist). Deshalb wird die Notwendigkeit betont, bewusstseinsmäßig höher differenzierte physische Träger aufzubauen, weil im Sonnensystem allein **die Menschheit** der Träger des Bewusstseins ist. Insofern ist der Mensch als **„personifiziertes Bewusstsein"** an diesem Prozess entscheidend mitbeteiligt, und zwar als Rückführung des Bewusstseins zurück ins geistige Zentrum.

Dieses riesige **Raumenergiefeld** wird unser Sonnensystem *„durchfluten"*, um dessen gesamte Struktur dadurch zu verändern. In diesem Prozess werden alte Strukturen *„überholt"*, d.h. neu *„justiert"*, was zwangsläufig auch mit *Zerstörungen (Klima, Erdbeben, Radioaktivität)* auf Erden verbunden ist. Zwar wird dadurch kein Sonnensystem in seiner Grundstruktur verletzt, sondern nur *tangiert*. Denn bei einer direkten *„Kollision"* mit einem *„Braunen Zwerg"* würde der *„Zellkern"* (Sonne) verletzt und zerstört werden. Da es sich aber primär um einen **Umwandlungsprozess** handelt, um das *Bewusstsein des gesamten Sonnensystems höher zu potenzieren*, womit geologische **Zerstörungen** (Katastrophen) verbunden sind, was aber sekundär ist.

Dabei kann man sich das, was man *„Braune Zwerge"*[124] nennt, (ähnlich den Elektronen im Zellkern) als die für alle Umstrukturierungen entscheidenden *„Teilchen"* vorstellen. Die Forschung spricht in diesem Zusammenhang von bisher unbekannten astronomischen Phänomenen, oft von *„dunkler Materie"*, die weder beweglich noch statisch, sondern als *„Strahlenballung"* zu verstehen sei. *„Schwarze Löcher"* und *„Braune Zwerge"* sind solche Verteilersysteme, die weder als „bewegliches Element" noch als „statisches Loch" zu sehen sind. Diese Verteilersysteme *erscheinen* quasi beweglich, was aber lediglich ihre **Strahlungen** betrifft, die wiederum nicht sichtbar sind. Darum sind *„Braune Zwerge"* sehr schwer zu entdecken, weil sie kein Licht abstrahlen und recht kühl sind. Der „Zwerg" ist lediglich ein **Umschalt-Modul**, dessen Strahlen gezielt auf kosmische Systeme gerichtet sind, um dorthin zu wirken.

---

124 Gemäß der Stringtheorie gibt es im Universum ein Vibrationsspektrum von unendlich vielen Schwingungsmodi, welche aber zu hohe Energie haben, um direkt beobachtet werden zu können. Daher wird man vorerst auf einen direkten Nachweis dieser Vibrationsmodi verzichten müssen und stattdessen versuchen, im Sektor der (nahezu) masselosen Teilchenanregungen Eigenschaften zu finden, die spezifisch für die Stringtheorie und gleichzeitig experimentell beobachtbar sind. Es geht dabei um die *Lösung der Umsetzung der Urenergie in die kosmische dreidimensionale Welt*. Das ist doch die schöpferische Urenergie, die sich im Universum manifestiert. Diese Urenergie gilt es jetzt nicht nur zu begreifen, sondern vor allem auch zu entdecken als die Lebenskraft schlechthin und als weiter führende Kraft der ständigen bewegenden Umwandlung des Universums.

Auch **„Schwarze Löcher"** gibt es an sich nicht, sondern das, was man so bezeichnet, sind hochfrequente Energie-Strudel aus anderen Dimensionen, die erst im Kosmos über *„Rotationen von ausgestrahlter Urenergie"* Gestalten aus *„Substanz"* bilden. Die Urenergie befindet sich dabei in der Mitte eines jeden **„Rotationsstrudels"**, aus dessen Fliehkräften die **„Materie"** quasi herausgeschleudert wird. Denn erst die Reibung in der kosmischen Ätherhülle *„bildet"* über Rotationen *Licht zu Materie*. Die in der Mitte einer Rotation befindlichen Energiezusammenballungen erscheinen quasi „schwarz", weil sie pure Energie sind. Diese Rotationsstrudel haben zwei Funktionen: Einerseits wird darüber Energie empfangen und andererseits Materie wieder zu Energie *„verbrannt"* (vorstellbar nach Art zweier Schlote, die Energie und Materie austauschen), wobei Energie und Materie immer gleich bleiben[125]; denn es geht nichts verloren. Es sind gleichsam große „Öfen", in denen Energien über Strahlungen zu Materie, und Materie wieder zu Energien verbrannt werden: Ausfluss der Energie in den Kosmos und Abfluss „abgebrannter" Energien aus der Materie zum Ursprung.

Es gibt dabei keinen „Urknall" und auch keinen „Kältetod", sondern „Materie" löst sich über den Geist wieder auf, und umgekehrt materialisiert sich der „Geist" in

---

[125] Gesetz von der Erhaltung der Energie im Kosmos (Masse-Energie-Äquivalenz / Einstein)

einem ewigen Kreislauf. Über einen ungeheuren „Sog"
wird einerseits „Materie" eingesaugt und andererseits
werden über die *„Reibung im kosmisch-ätherischen Oze-*
an" Strahlungen zu leuchtendem Licht und Gestalten auf-
bereitet, z.B. für die **„Geburt von Sternensystemen".**

So wird die Urenergie, die ständig im Kosmos
„einfließt" zur wirkenden und leuchtenden Strahlung. Es handelt sich dabei um Strahlen-Sendungen
aus höheren Dimensionen, die sich ab jetzt zwar der
Menschheit erkennbar öffnen und damit bewusst auf
die Menschheit einwirken werden, vorerst aber **als**
pure Energie nicht wahrnehmbar bleiben. Denn
solche „Modulationen" sind nicht messbar und mit
Begriffen aus der Physik zu beweisen oder zu erklären. Darum deklariert man *„Eingaben aus anderen*
Bewusstseinsdimensionen" einfach als *„Wunder".*
Es sind aber lediglich ganz natürliche *„Dimensions-*
kipps", wodurch zwar die eigene *„Dimensionsbe-*
grenztheit" weit überschritten, aber auch damit
deutlich gemacht wird, dass es viele Bewusstseinsdimensionen gibt. Und daraus folgert, dass alles Sichtbare nicht alles sein kann, was wirklich ist, sondern
dass sich hinter allem Sichtbaren ein ungeheuer großer spiritueller Bereich befindet, über den letzten En-
des alle **„Überschreitungen von Begrenzungen"**
allein durch **Strahlen** bewirkt werden.

LITERATUR AUF EINEN BLICK

Anonymos .... Telepathie / Kommunikation der Zukunft

Assagioli, Roberto .... Psychosynthese / Junfermann

Augustinus .... Bekenntnisse

Aurobindo, Sri .... Die Synthese des Yoga / Hinder 1972

Avalon .... Die Schlangenkraft / 2001

Bailey, Alice .... Gesamtwerk / Genf 1932

Bauer, Ralph .... Musik als Zeitgestalt 1992

Bernhard von Clairvaux ...... Das Buch von den Stufen der Demut und des
Stolzes/ St. Benno

Bhave .... Der innere Frieden

Bauer, Joachim   Warum ich fühle, was du fühlst /
Heyne Verlag 2006

Bearden, Thomas .... Excalibur briefing 1980

Bischof, Marco .... Biophotonen / Zweitausendeins

Bohm, David .... Wholeness and implicate order / London 1980

Bonaventura .... Soliloquium / Kösel Verlag Kempten 1958

Bunyan, John .... Die Pilgerreise Oesch Verlag

Capra, Fritjof .... Das Tao der Physik

Chardin, Pierre Teilhard de ... Die Entstehung des Menschen / C. H. Beck 1981

Davies, Paul .... Gott und die moderne Physik / Bechermünz Verlag

Dionysius Areopagita .... Die Hierarchie der Engel / München 1957

Dürr, Hans Peter .... Physik und Transzendenz / Scherz

Eddington, A. .... Physik der Transzendenz 1931

Fechner, Gustav Theodor ..... Elemente der Psycho-Physik / 1887

Frisell, Bob .... Aus der Zukunft in die Gegenwart

Gabriel, E. .... Ein integrales Weltbild / München 1991

Gebser, Jean .... Ursprung und Gegenwart / Novalis Verlag 1979

Goldberg, Philip .... Die Kraft der Intuition 1995

Goswami, Amit .... Das bewusste Universum 2007

Grof, Stanislav .... Geburt, Tod und Transzendenz / rororo

Hartmann, Nicolai .... Ästhetik / München 1951

Hasselmann, Varda .... Archetypen der Seele

Häberli, Gerhard .... Die Einheit von Kosmos, Atom und Geist / Cosat-Verlag

Heim, Burkhard .... Elementarstrukturen der Materie / 1986

Heisenberg, Werner .... Physics and Beyond / New York 1971

Hildegard von Bingen .... Der Mensch in der Verantwortung / Otto Müller Verlag

Hierzenberger, Gottfried .... Erkundungen des Jenseits - Der Blick auf die andere Seite der Wirklichkeit

Jasmuheen (Ellen Greve) ..... Lichtnahrung

Kant, Immanuel .... Praktische Vernunft

Krause, Helmut Friedrich .... Der Baustoff der Welt / edition dionysos

Lawrence, T.E. .... Tagebuch von drüben Ansata-Verlag

Lersch, Philipp .... Aufbau der Person / München 1953

Lorber, Jakob .... Das große Evangelium Johannes / Bietigheim 1981

Ludwiger, Illobrand von ..... Die Erforschung unbekannter Flugobjekte

Maharshi, Ramana .... Seine Lehren / Kailasch Buch

Manning, J. .... „Löcher im Himmel" Verlag 2001

Meckelburg, Ernst .... Transwelt / Langen Müller

Essene, Virginia;
Nidle, Sheldon .... Der Photonring / Falk Verlag

Opitz, Christian .... Unbegrenzte Lebenskraft durch Tachyonen 1996

Ouspensky, P.D. .... Auf der Suche nach dem Wunderbaren / München 1978

Planck, Max .... Where is science going? / New York 1932

Popp, Fritz-Albert .... Biophotonen 1984

Rohr, Richard; Ebert, A. .... Das Enneagramm / München 1990

Russel, Walter .... Radioaktivität – das Todesprinzip in der Natur

Sens, Eberhard .... Am Fluss des Heraklit / Insel Verlag

Schrödinger, Erwin .... Was ist Leben? 1987

Sheldrake, Rupert .... Engel – die kosmische Intelligenz / München 1998; Das schöpferische Universum

Stein, Edith .... Gesamtwerk

Sutton, Christine .... Raumschiff Neutrino / Birkhäuser

Swedenborg, Emanuel ....Himmel und Hölle / Zürich 1977

Theos, Bernhard.................Hatha Yoga Günter Verlag

Thomas von Aquino ....Die menschliche Willensfreiheit / Düsseldorf 1954

Tipler, Frank J.....................Die Physik der Unsterblichkeit dtv

Therese von Avila...............Der Weg zur Vollkommenheit;
Die innere Burg / Zürich 1979

Treumann, Rudolf ....Die Elemente / Hanser 1994

Underhill, Evelyn ....Mystik / Bietigheim 1928

Upanishaden......................Dietrichs Gelbe Reihe

West, John A. ....Die Schlange am Firmament / Zweitausendeins

Wheeler, A.........................Das Licht in unseren Zellen

Wilber, Ken........................Halbzeit der Evolution / Fischer 1998

Yukteswar, Sri ....Die Heilige Wissenschaft / O. W. Barth 1976

Zoev Jho ...........................E.T.101 / Zweitausendeins